ローカルフードを食べ歩き！

世界思い出旅ごはん

低橋
HIKUHASHI

主婦の友社

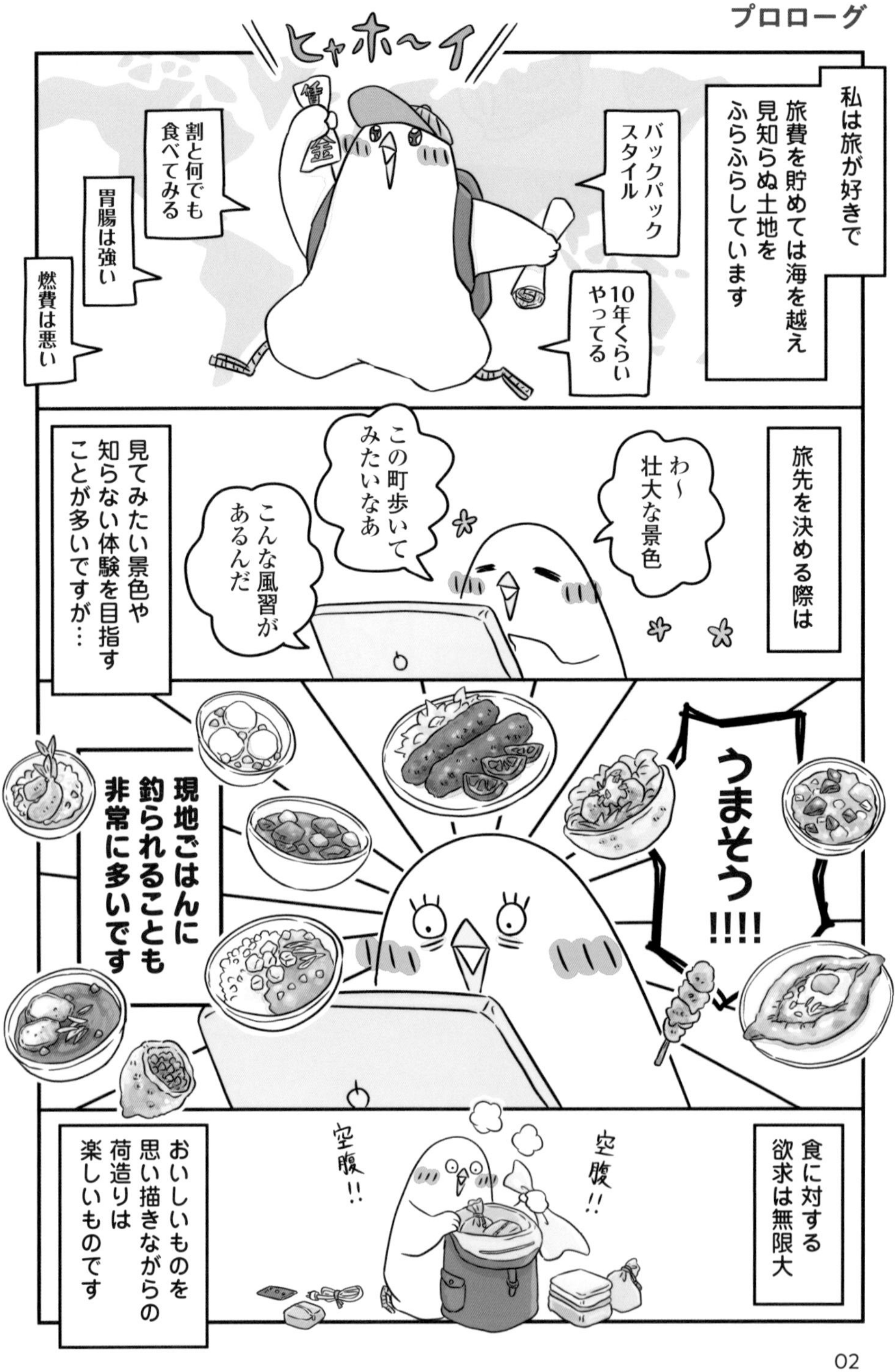
私は旅が好きで
旅費を貯めては海を越え
見知らぬ土地を
ふらふらしています
ヒャホ〜イ
バックパックスタイル
10年くらいやってる
割と何でも食べてみる
胃腸は強い
燃費は悪い
旅先を決める際は
わ〜 壮大な景色
この町歩いてみたいなあ
こんな風習があるんだ
見てみたい景色や知らない体験を目指すことが多いですが…
うまそう!!!!
現地ごはんに釣られることも非常に多いです
食に対する欲求は無限大
空腹!!
空腹!!
おいしいものを思い描きながらの荷造りは楽しいものです

旅先で何を食べるかは
事前に目星をつけた
ものを目指しつつ
その場その場の気分も
大切にしています
というか
おいしい香りに勝てず
吸い込まれます
メニューが読めない
ことも多いので
指差し注文が最大の武器
くだ
さい!!
料理名が
分からないのが
難点ですが
コレか〜
後から正体を知るのも
また一つの楽しみです
この漫画では
そんな感じで出会った
旅ごはんを紹介しています
メジャーな料理に
見慣れぬ料理
現地の不思議な食材まで
旅の情景と共に
お楽しみください

ローカルフードを食べ歩き！
世界思い出旅ごはん

もくじ

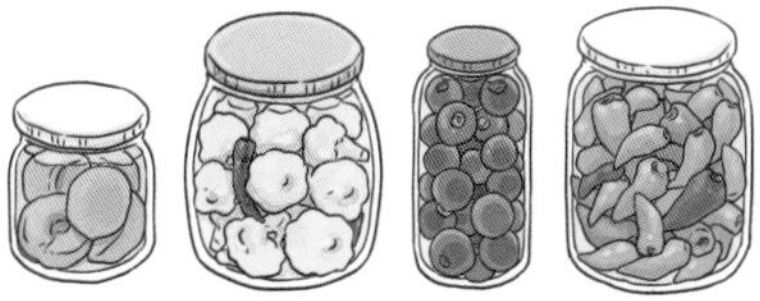

世界思い出旅ごはん 1食目 モンゴル

モンゴルの塩入りミルクティー

スーテーツァイとバンシタイツァイ

私がモンゴルを旅したのは夏の時期で
カタタン
カタタン
青々とした草原と
それを見ながら飲んだ
スーテーツァイが
思い出に残っている

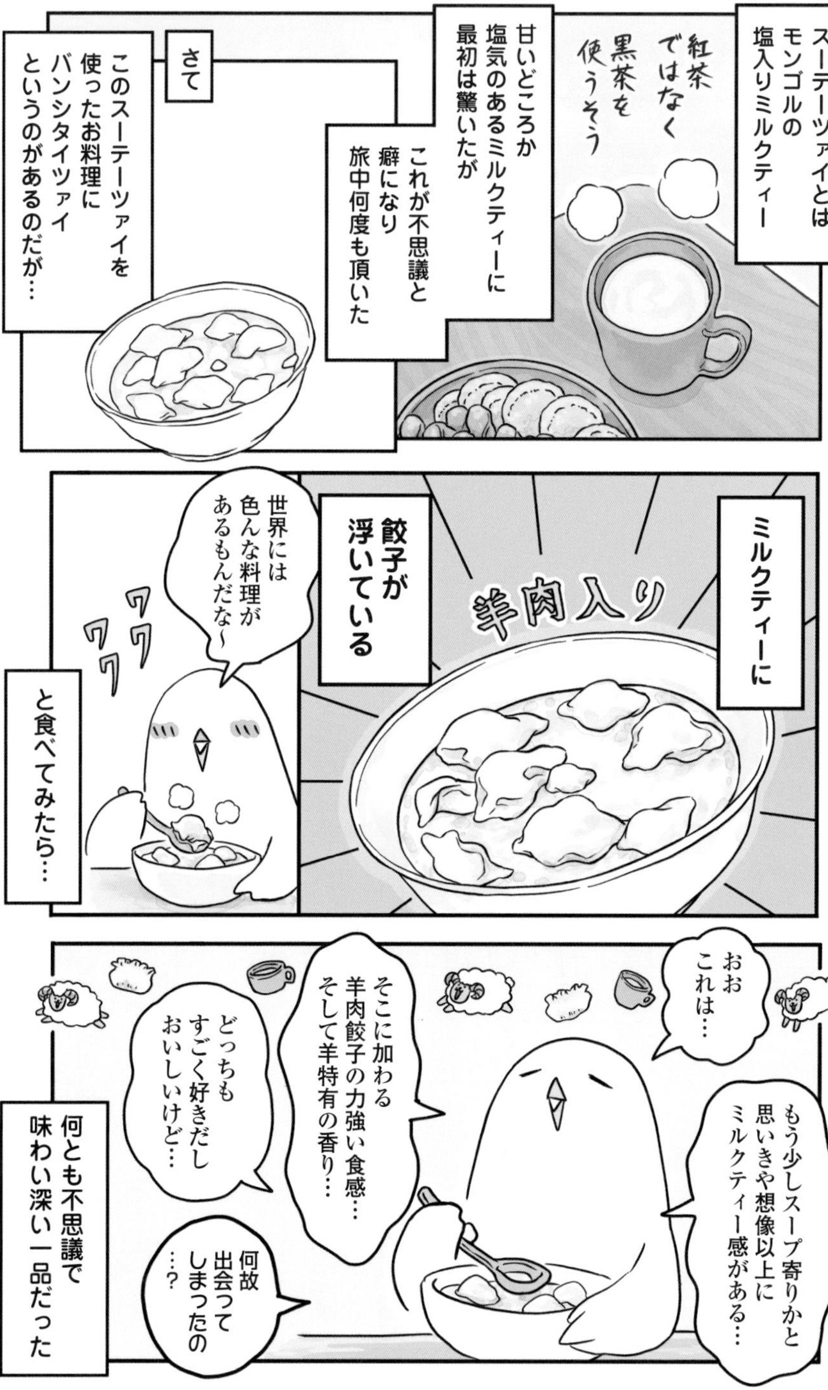

スーテーツァイとは
モンゴルの
塩入りミルクティー
紅茶ではなく
黒茶を
使うそう
甘いどころか
塩気のあるミルクティーに
最初は驚いたが
これが不思議と
癖になり
旅中何度も頂いた
さて
このスーテーツァイを
使ったお料理に
バンシタイツァイ
というのがあるのだが…
ミルクティーに
羊肉入り
餃子が
浮いている
世界には
色んな料理が
あるもんだな～
ワクワク
と食べてみたら…
おお
これは…
もう少しスープ寄りかと
思いきや想像以上に
ミルクティー感がある…
そこに加わる
羊肉餃子の力強い食感…
そして羊特有の香り…
どっちも
すごく好きだし
おいしいけど…
何故
出会って
しまったの
…？
何とも不思議で
味わい深い一品だった

モンゴル

草原で頂く旅ごはん

DATA

ロシア
モンゴル
中国

国名 モンゴル国
面積 約156万4100㎢
人口 約345万人(2022年)
首都 ウランバートル
言語 モンゴル語（国家公用語)、カザフ語

車窓から見たモンゴルの草原。昨日までは荒野の土色が多かったので、この青と緑が嬉しかった。

憧れのモンゴル

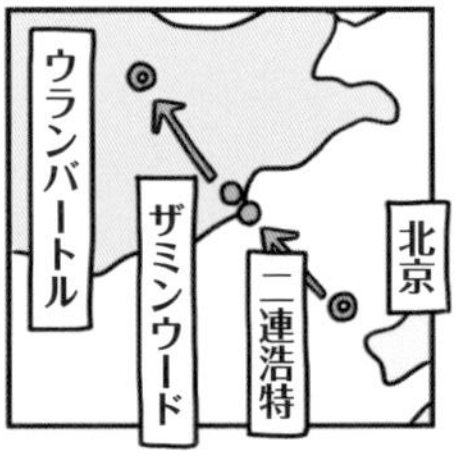

ウランバートル
ザミンウード
二連浩特
北京

北京から夜行バスに乗り国境の町二連浩特《エレンホト》へ。別のバスに乗り換え国境を越え、モンゴルはザミンウードへ。さらに夜行列車に乗り換え15時間かけて首都のウランバートルへ。一夜明け、まだ眠い目をこすりながら見た車窓風景は、憧れのモンゴルそのものでした。

スーテーツァイ
Green Tea
BRAZIL COFFEE
車内でもらったお茶セット
列車内の給湯器
薪ボイラーなのが風情あり

ゴビ砂漠&大草原ツアー！ 現地で頂く手作りの味

モンゴルでは二つの現地ツアーに参加しました。ゴビ砂漠を目指してジープで荒野をひた走る7泊8日ツアーと、馬に乗って草原を行く半日ツアーです。ツアー中はとにかく羊料理三昧だった他、遊牧民のゲルにお邪魔する度、スーテーツァイとお菓子を頂きながらのんびり過ごしました。

首都ウランバートルではレストランにも行ったものの、やはりその場で作ってもらう素朴な現地ごはんには、何ものにも代えがたい魅力がありました。温かなスーテーツァイ、そして無限に続くかのような星空を見ながら飲んだビールと羊肉の味は、今でも忘れられません。

スーテーツァイの淹れ方

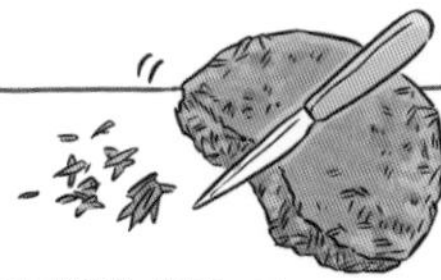

❶ 黒茶の固形茶（蒸して固めた茶葉）をナイフで削り出し細かく刻む

❷ 鍋で茶を煮出す

❸ 搾りたての乳と塩を加えて混ぜる

乳の種類はそのときどき。牛だったり、山羊だったり、ラクダだったり。

カップに注いで
完成！

煎った粟を加えることも

ボールツォグ

硬めのドーナツみたいなお菓子。よくスーテーツァイに付いてきた。

モンゴルで出会った白い食べ物

馬乳酒

ビタミンCが豊富で強い酸味がある。アルコール度数は低く、モンゴルでは子供も飲む。

山羊ヨーグルト

山羊乳の味をそのまま引き継いだ感じ。

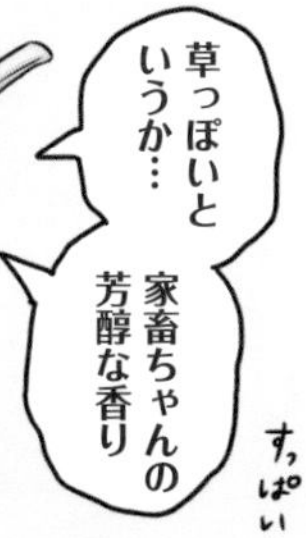
草っぽいというか…
家畜ちゃんの芳醇な香り

山羊チーズ（乾燥）

風味はフェタチーズに似ているが、酸味はそれよりかなり強い。

すっぱい!!

ラクダ乳のスーテーツァイ

ラクダの乳はさっぱりしていて飲みやすい。

ラクダチーズ

ものすごく硬くて噛み切れず、口の中で溶かしながら食べた。味はまろやかで癖が少ない。

家主さんに確認のもと
ここからつまみ食い

ゲルの屋根で干される山羊チーズ。

赤い食べ物と白い食べ物

モンゴルの食文化について聞くとよく出てくる言葉「赤い食べ物」と「白い食べ物」。赤は肉、白は乳製品を指し、遊牧民たちは家畜から頂くこの2色の食べ物で生きている。

それでいうとバンシタイツァイは…

まさにモンゴル！

世界思い出旅ごはん 2食目

ベトナム

ベトナム南部の米粉麺

フーティウ

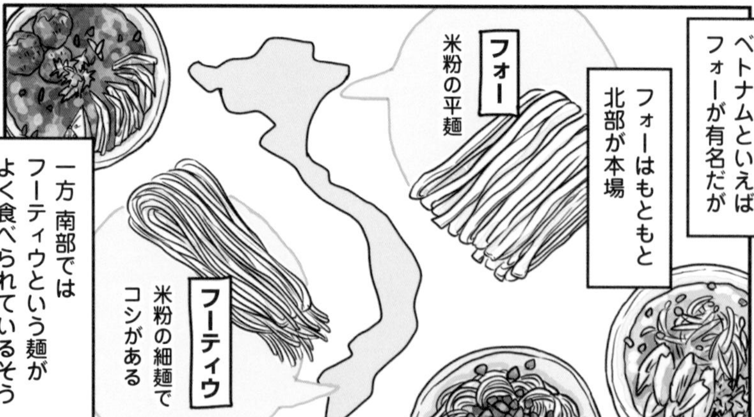

ベトナムといえばフォーが有名だが
フォーはもともと北部が本場
フォー
米粉の平麺
フーティウ
米粉の細麺でコシがある
一方 南部ではフーティウという麺がよく食べられているそう

私が初めて
フーティウを食べたのは
水上マーケットの舟の上
カイラン水上
マーケット
野菜や果物を売る
小舟に交じって
くだんのフーティウが
プカプカ売られていたのだ
早速1杯
頼んでみる
初めて食べた
フーティウは
しっかりと
歯ごたえがあり
コク深く
甘みのある
スープに
ホクホク大根と
チャーシューが
相性抜群で
絶品!!
と
大変感動した
なので迷わず
お土産に選んだのだが…
袋入り
乾めん
私の旅行カバンは
布製のリュックで
南部で
麺を買ってから
北部まで2週間
旅したので
当然
ながら
全部粉々に
なってしまった
サラ〜
おいしくて切ない
フーティウの思い出

ベトナム

麺と香草の旅ごはん

DATA

- 国名　ベトナム社会主義共和国
- 面積　約32万9241㎢
- 人口　約9946万人（2022年）
- 首都　ハノイ
- 言語　ベトナム語

ロングカントリー・ベトナム

私が旅した当時のベトナムは、無査証だと15日間までしか滞在できなかったので、かなり急いで移動した記憶があります。国内線のフライトがお安いのだからそれを使えばいいものを、陸路が好きなためにすべてバスと列車で移動し「長いなこの国!?」と困惑していました。

名も知らぬ麺を食べ歩く

ベトナム料理はおいしいものばかりで目移りしますが、目移った結果最終的にヌードルスープに落ち着くことが大半でした。見た目と匂いからヌードルスープ屋さんを嗅ぎつけ、名前も知らないそれをすする瞬間は至福そのものです。ベトナムにはフォーやフーティウ以外にも多種多様な麺があり、南から北まで食べ歩いたので結構色んな種類のそれに出会えた気がします。ただ、毎回麺の名称を確認しなかったために、自分が何を食べたのかはよく分かっていません。全部おいしかったことだけはしっかり覚えています。

ベトナムの朝食風景

早朝よく見かける道端レストラン。簡易テーブルにプラスチック製の椅子、あるいは椅子だけの形で展開している。知らない人たちと膝をつき合わせ黙々と麺をすする、ちょっと不思議な時間だ。

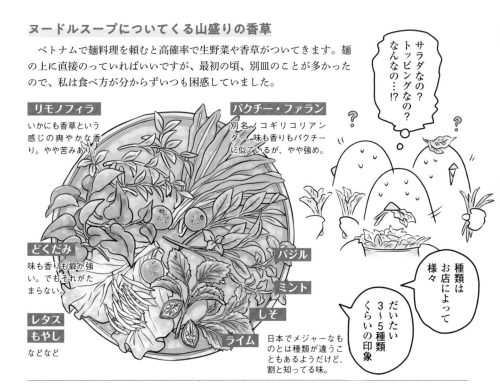

ヌードルスープについてくる山盛りの香草

ベトナムで麺料理を頼むと高確率で生野菜や香草がついてきます。麺の上に直接のっていればいいですが、最初の頃、別皿のことが多かったので、私は食べ方が分からずいつも困惑していました。

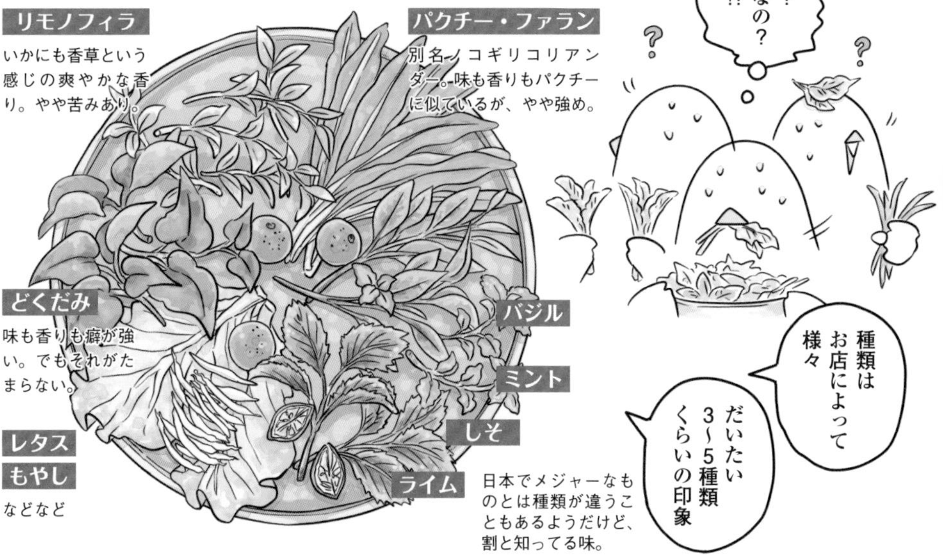

サラダなの？
トッピングなの？
なんなの…!?
リモノフィラ
いかにも香草という感じの爽やかな香り。やや苦みあり。
パクチー・ファラン
別名ノコギリコリアンダー。味も香りもパクチーに似ているが、やや強め。
どくだみ
味も香りも癖が強い。でもそれがたまらない。
バジル
ミント
しそ
ライム
レタス
もやし
などなど
日本でメジャーなものとは種類が違うこともあるようだけど、割と知ってる味。
種類は
お店によって
様々
だいたい
3～5種類
くらいの印象

フーティウの製麺工房

水上ツアー中に寄ってもらった製麺工房で、米粉麺とライスペーパーの秘密を知りました。

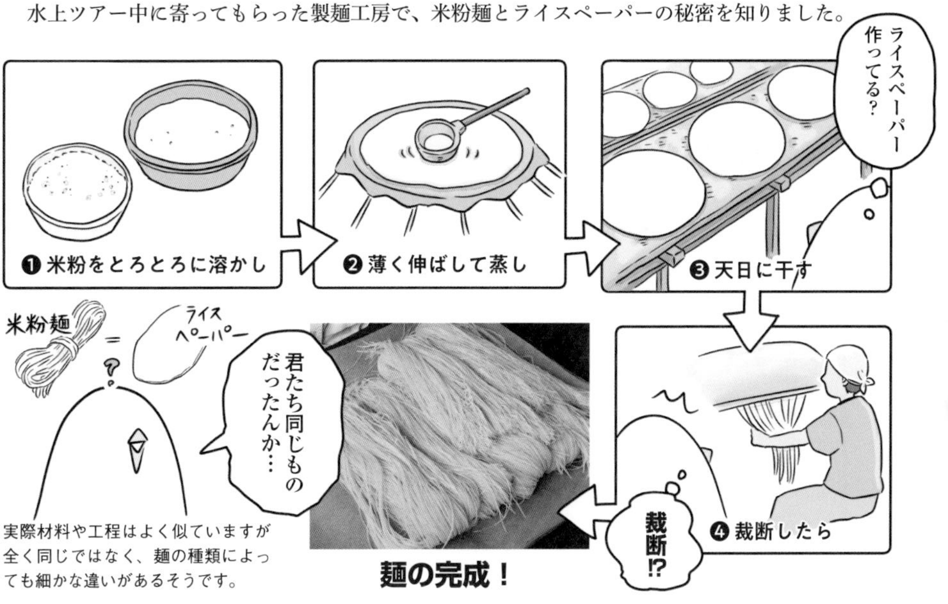

ライスペーパー
作ってる？
❶米粉をとろとろに溶かし
❷薄く伸ばして蒸し
❸天日に干す
❹裁断したら
裁断!?
麺の完成！
米粉麺
ライス
ペーパー
君たち同じもの
だったんか…
実際材料や工程はよく似ていますが全く同じではなく、麺の種類によっても細かな違いがあるそうです。

世界思い出旅ごはん 3食目 インド

インドでどハマリ！チーズカレーの

シャヒ・パニール

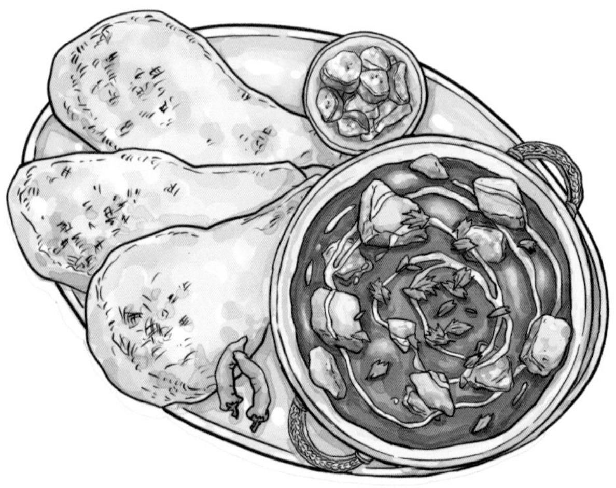

インド旅中 色んな種類のカレーを頂いたが
中でも一番印象深かったのはこちらのシャヒ・パニール
あまりの濃厚さ
クリーミーさ
バターチキンに似た甘みと酸味に
一瞬でどハマりしその後は見かける度に頼んでしまった

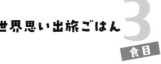

シャヒとは「宮廷」や「リッチ」というような意味で
パニールとはインドなどで作られるフレッシュチーズのこと
トマトたっぷり生クリームたっぷり
たっぷりバターで玉ねぎやにんにくを炒め
ヨーグルトやカシューナッツが加わり
グツ
パニールたっぷり
追いクリームに追いバターがのる店も
グツ
…というレシピから予想はできていたのだが
おいしいかい？
ハイ！
私このシャヒ・パニールが大好きなんです
そうなんだ〜でもそれ…
太るよ
カロリー爆弾だった

インド
牛とミルクと旅ごはん

DATA

- **国名** インド共和国
- **面積** 約328万7469㎢
- **人口** 約14億1717万人（2022年）
- **首都** ニューデリー
- **言語** 連邦公用語はヒンディー語、他に憲法で公認されている州の言語が21ある

牛乳も神聖？

インドでは色んなカレーを食べました。肉入りカレーに野菜カレー、エッグカレーにパニールカレー。パニールカレーはいくつか種類がありますが、ナンバーワンはやっぱりシャヒ・パニールでした。

パラク・パニール

ほうれん草のパニールカレー。

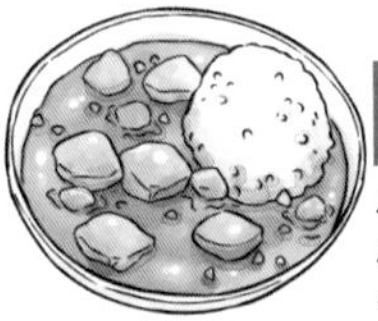

パニール・バター・マサラ

バターたっぷりスパイシーなパニールカレー。

ところで、牛を神聖視するヒンドゥー教の世界では、牛乳はどういう位置付けなんだろう？というのが私の長年の疑問だったのですが、インドでは普通に牛乳が売られていました。よく考えたらチャイには牛乳を入れますし、パニールの原材料も牛乳です。道を塞ぐ牛くんがお尻をペシペシ叩かれてどかされる光景などもよく見ます。牛は神聖な動物とはいっても、それ以上に身近な存在として市民の生活に溶け込んでいるようでした。

自家製パニールの作り方

パニールは日本のスーパーではなかなか見ませんが、簡単に手作りすることができます。まろやかな味でそのまま食べてもおいしいです。

材料

- 牛乳（成分無調整）1ℓ
- レモン汁 大さじ2

作りかた

❶ 牛乳を火にかけ、沸騰したら火を止める
❷ レモン汁を加えてよく混ぜ、数分待つ
❸ 水分と白い固まりが分離したらザルに上げる
❹ 軽く水をかけ酸味を洗い流す
❺ 固く絞り、形を整えて重しをのせ小一時間放置
❻ しっかり水分が抜けて固まったら完成！

シャヒ・パニールをお土産に

カレーを作る際、インドの人は一からスパイスを調合するだけでなく、簡単スパイスミックスみたいなものも便利に活用しているようでした。

シャヒ・パニール・ミックス

シャヒ・パニール用のスパイスミックス。これさえあれば味付けは完璧！

スパイスのお土産で日本でもインドの味

私はスパイスに詳しくないので、在住者の方や先輩旅人さんに教わったものをそのまま購入しました。おうちでインドの味が再現できて重宝しています。

ガラムマサラ

定番＆万能なスパイスミックス。

ミートマサラ

香り強めのスパイスミックス。肉系のカレーに最適。

チャットマサラ

酸味のあるスパイスミックス。サラダやフルーツに。

チャイマサラ

またはティーマサラ。チャイ用のスパイスミックスで、風味豊かな現地のチャイを再現できる。

カレースパイス三連星

これがあれば大体カレー!!

ターメリック

クミン

コリアンダー

インド牛乳の攻撃

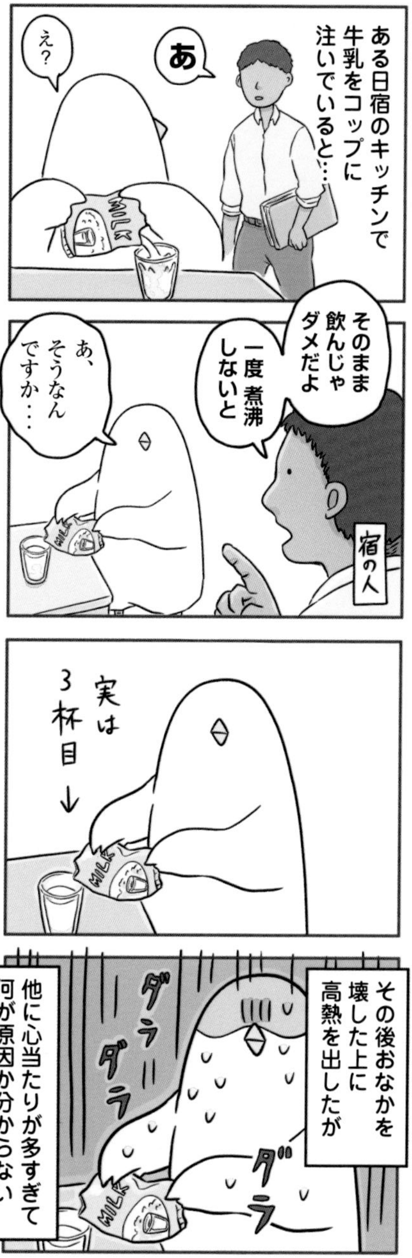

※煮沸せずに飲める牛乳も売っているそうです。

世界思い出旅ごはん 4食目 ペルー

ペルーでハマった魚介のマリネ

セビーチェ

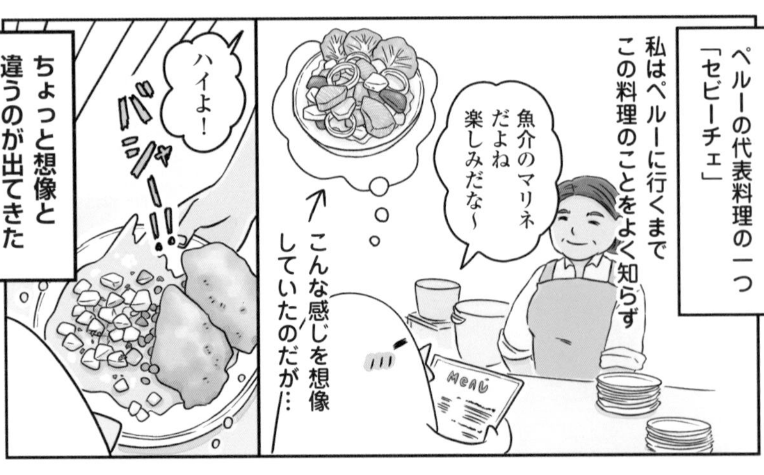
ペルーの代表料理の一つ「セビーチェ」
私はペルーに行くまでこの料理のことをよく知らず
魚介のマリネだよね楽しみだな～
こんな感じを想像していたのだが…
MENU
ハイよ！
バシャー!!
ちょっと想像と違うのが出てきた

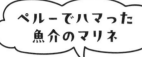

こちらはある町のメルカド（市場）で食べたセビーチェ
むせる程の塩気と酸味
有り余る汁気
何かの魚介ミックス（詳細不明）
レモン
何故か付いてきた巨大イカフライ
まあ「魚介のマリネ」ではあるのだけれど…何かそれ以外の要素が強すぎるような…
そんな印象深い一品であった
……
胃もたれ
でもその後 色んな店で食べ歩いたセビーチェはどれもおいしく いつの間にか大好きになっていた
生魚や小エビの上品なセビーチェ
甘くやわらかい生牡蠣のセビーチェ
パクチーたっぷり
また 隣国チリではこんなセビーチェにも出会えた
白身魚をほぐしたディップみたいなセビーチェ
パンとチリソース付き
一番おいしかったのは牡蠣のセビーチェかなあ
なんて懐かしく思いつつ…
ウフフ
あの強烈なやつがもう一度食べたい
脳と胃袋を掴んで離さないのは
実はあの一皿だったりする

ペルー
メルカド巡りの旅ごはん

DATA

エクアドル
ブラジル
ペルー
ボリビア

国名 ペルー共和国
面積 約129万㎢
人口 約3297万人（2020年）
首都 リマ
言語 スペイン語（他にケチュア語、アイマラ語等）

メルカドのフルーツ売り場

メルカド巡りにハマる

南米各国には「メルカド」と呼ばれる市場があります。ペルーのメルカドは珍しい食材の数々や簡易食堂、フレッシュフルーツジュースのお店などが並ぶ、とにかくおいしくて楽しい場所でした。時にメルカドの外にまであふれる食材の行列は圧巻で、整然と並んだ日本のスーパーとはまた違った魅力を感じました。

ペルー・アンデス、標高差に耐える旅

ペルーは気候や標高が3段階に分かれた国で、人気の観光地は主に沿岸部と山岳部に集中しています。それを順に見ていこうとすると、どうしても高低差ありありの巡回旅になり、高山病になったり風邪を引いたり……なんだかせわしない旅だったように思います。それも旅の後半にはすっかり慣れ、ちょっとした気分転換のように、気候の違いを満喫していました。

アマゾン
アンデス
海
首都リマ

南米で出会ったフルーツたち

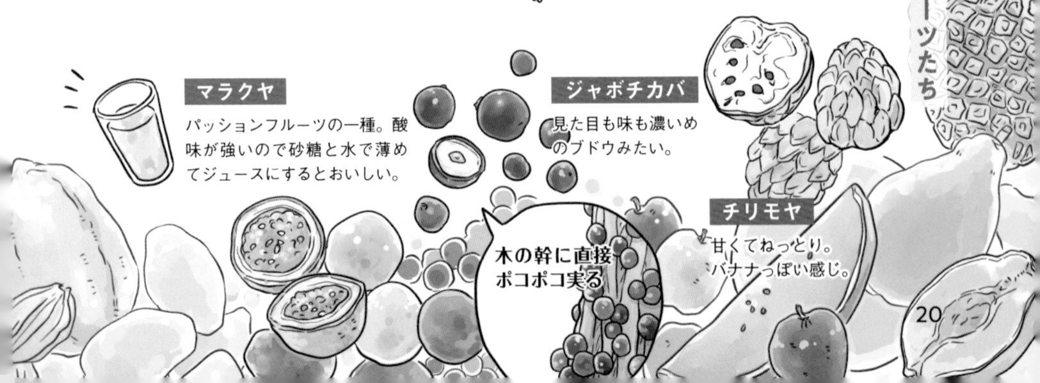

マラクヤ
パッションフルーツの一種。酸味が強いので砂糖と水で薄めてジュースにするとおいしい。
ジャボチカバ
見た目も味も濃いめのブドウみたい。
木の幹に直接ポコポコ実る
チリモヤ
甘くてねっとり。バナナっぽい感じ。

メルカドで食べたもの

チチャロン

唐揚げ。豚肉のチチャロンが好き。骨を取り除いていないので油断するとガリィッ！となる。

色々のせごはん

ソーセージ、目玉焼き、甘くないバナナ、トマト、生玉ねぎなどがごはんにのっていた。

ロモ・サルタード

牛肉炒めとフライドポテトのコンビ。味付けに醤油を使うのでどこか親しみやすい味。

街角で売ってる
チチャロンサンド
もおいしい

頭のスープ

牛か何かの頭部が入ったスープ。とにかく食べづらいのと、頭の出汁が利いた奥深い味わいが人を選ぶ感じ。私は割と好き。

脳？
意外と淡泊で食べやすい
目玉
グニグニする。周りのゼラチン質がおいしい
鼻
ゴリゴリしていて食べづらい
歯
食べられない

「メヌー」という名のメニュー

ペルーでよく見る「menú」はいわゆるセットのことで、サラダやスープ、メイン、ドリンクに、店によってはデザートがつくこともある。

メルカドでよく見る3品セット
たまに単品より安くて二度見する
ジュース
メイン
スープ

ミックスフルーツジュース

メルカドのフルーツジュース店では、好きなフルーツを一種または数種選ぶと全部ミキサーにかけてジュースにしてくれる。

ミキサーの中身は全部自分の！
コップ3杯分くらいある
友人とシェアもOK

トゥナ

サボテンの実で、スイカを濃くしたみたいな味。

ルクマ

柿のような甘みと黒蜜のような風味。

ペピーノ

小さいメロンみたい。あっさり系のお味。

カシューの実

カシューナッツの実の部分。りんごや桃っぽい味でものすごくジューシー。

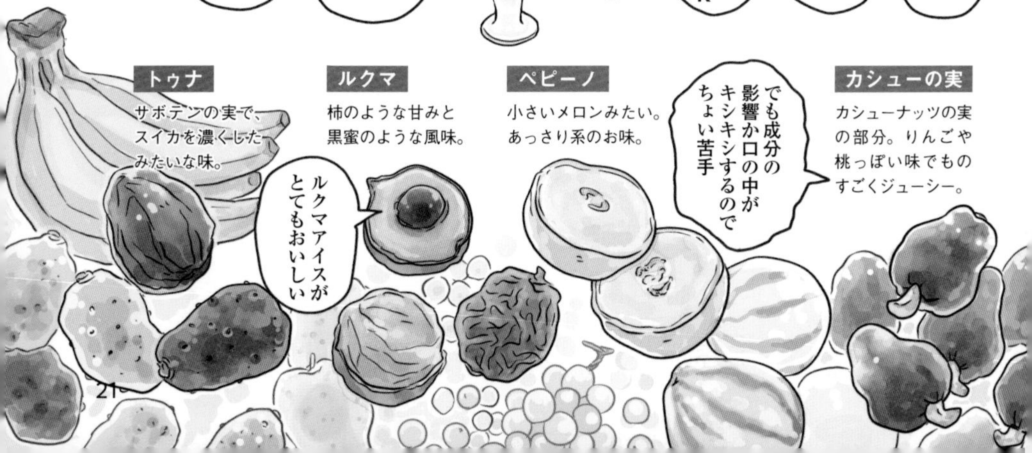
ルクマアイスがとてもおいしい
でも成分の影響か口の中がキシキシするのでちょい苦手

世界思い出旅ごはん 5 食目

チェコ

チェコの不思議な白パン

クネドリーキ

チェコ共和国の首都プラハ
この街の旧市街はおとぎ話のように可愛らしく散策が楽しい

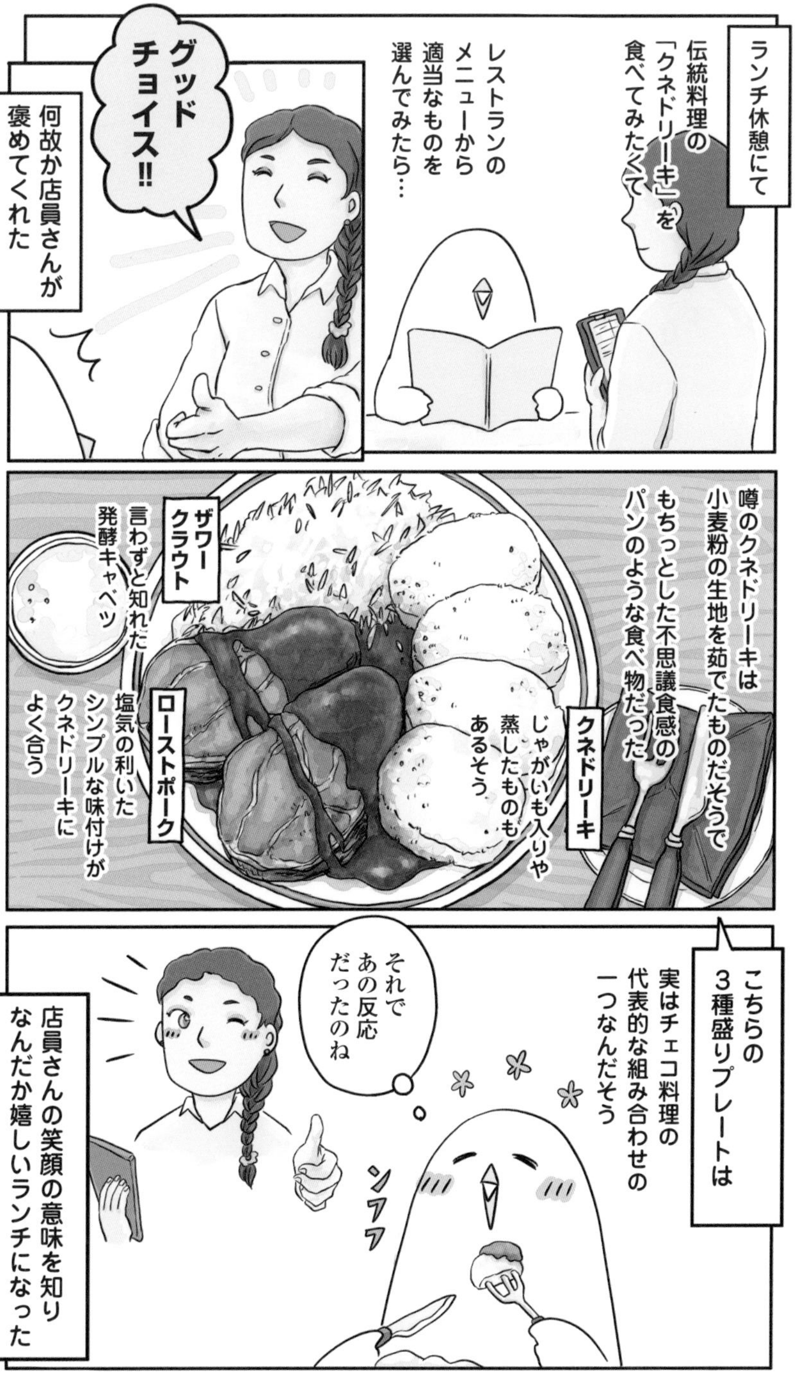
ランチ休憩にて
伝統料理の「クネドリーキ」を食べてみたくて
レストランのメニューから適当なものを選んでみたら…
グッドチョイス!!
何故か店員さんが褒めてくれた
噂のクネドリーキは小麦粉の生地を茹でたものだそうでもちっとした不思議食感のパンのような食べ物だった
クネドリーキ
じゃがいも入りや蒸したものもあるそう
ローストポーク
塩気の利いたシンプルな味付けがクネドリーキによく合う
ザワークラウト
言わずと知れた発酵キャベツ
こちらの3種盛りプレートは
実はチェコ料理の代表的な組み合わせの一つなんだそう
それであの反応だったのね
ンフフ
店員さんの笑顔の意味を知りなんだか嬉しいランチになった

フィデウア

お米じゃない！
スペインの
変わり種パエリア

スペインで食べたパエリア
お米の完璧な炊き加減とか
サフランと魚介の豊かな風味とか
全てがとびきりおいしくて元々好きだったパエリアがさらに大好きになった
…と大満足で帰国した後に知ったのが
パスタで作ったパエリア「フィデウア」だった
なにそれ帰国前に知りたかった
食べ損ねたよおおおお

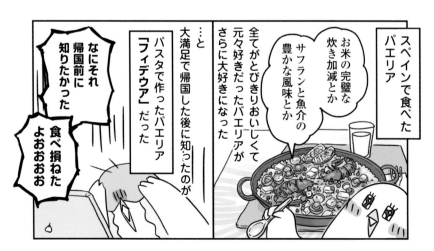

というわけで自作してみる
にんにくや玉ねぎを炒め
新鮮な魚介類…の代わりにシーフードミックス
味付けは塩 コンソメ サフラン トマト パプリカ
太さはお好みで
米の代わりに短く折ったパスタを加え
水を加え
ある程度水分が飛ぶまで炊く
こうしてできた「フィデウア」は見た目はパエリアそっくりだが…
パエリア
フィデウア
パク
味もパエリアだった
予想以上に…
もちろん米とパスタは違うものだけど
それより魚介やサフランの風味が先に来るのでその印象が勝つのだと思う
フィデウアを作る際スペインの人は「フィデオ」というショートパスタを使うそう
形状いろいろ
でも普通のパスタを折って使うのでも問題ない
ペキ
ポキ
FIDEO
そして楽しい!
ウフフ
細めのパスタを使えば早い時間で炊き上がるし
この気軽さとおいしさにハマってしまいそうだ

チェコ

おもちゃ箱の街と旅ごはん

DATA

国名 チェコ共和国
面積 約7万8866㎢
人口 約1051万人（2022年）
首都 プラハ
言語 チェコ語

すべてが可愛く美しい、夢中になった小旅行

チェコには3、4日間しか滞在せず、全日首都のプラハで過ごしましたが、見るもの全てが可愛くて美しくて、あっという間に夢中になりました。街の規模が小さめなので回りやすいし、欧州の中では物価が優しめなのも嬉しいところ。日本からの直行便はありませんが、隣国ドイツなどから列車や飛行機で簡単にアクセスできるため意外と行きやすい国です。……という感じのチェコプレゼンを、一時期の私は会う人会う人に語っていました。

クネドリーキのお供たち

クジェ・ナ・パプリツェ

鶏肉のパプリカクリーム煮込み。濃厚クリームにパプリカの風味がとても合う。

グヤーシュ

ハンガリー出身のグヤーシュはチェコでも定番の料理（p.66参照）。

スヴィチュコヴァー

根菜類のクリームソースで、牛肉などにかけて頂く。前回食べ損ねたので次回のお楽しみ！

チェコは1人当たりのビール消費量世界一！

チェコ旅行の前に知り合ったチェコ人の女の子との会話

プラハ城内にあるおもちゃ博物館。ここと街そのものの風景から、チェコにはおもちゃ箱のイメージがある。

ローカルフードと食べ歩き！

世界思い出旅ごはん

低橋

主婦の友社

スペイン

魚介とトマトの旅ごはん

DATA

フランス
スペイン
ポルトガル

国名 スペイン王国
面積 約50万6000㎢
人口 約4760万人（2022年）
首都 マドリード
言語 スペイン（カスティージャ）語等

色んな苦手を克服！ おいしいって素晴らしい

スペインへの入国は、内陸の国々に長く滞在した後だったので、魚介の香りが懐かしすぎて感涙したことを覚えています。市場に並ぶ品々はツヤツヤの磯磯で、私はそれまで魚介類が苦手だったのに、この体験を機に克服し、今や大好物になりました。また、トマトも苦手だったのがスペインの熱いトマト推しにより改心しました。

スペインで食べたもの

魚の種類は読めないまま頼んだ
?
Restaurante Menu

魚のステーキ

味付けは塩胡椒とレモン、イタリアンパセリ。

フライドポテト
オニオンリング
クロケッタ
メインも付け合わせも全部揚げ物な点に異議あり

クロケッタ

生ハム入りのクリームコロッケ。オリーブ油で揚げてあり風味豊か。

遅めのランチと軽めのディナー

スペインでは食事のメインはランチで、ディナーはパンやハムなどの軽めの食事で済ませるそう。時間は遅めで、ランチを14～16時ごろ、ディナーを21～22時ごろにとる方が多いのだとか。

サイダーで割って飲んだ！

サングリア

オレンジやりんご、シナモンなどを漬け込んだ赤ワイン。

ガスパチョ

トマトとにんにくの冷製スープ。夏バテに効果あり。

クレマ・カタラナ

カスタードに砂糖をまぶし、香ばしく焦がしたプリンのようなデザート。

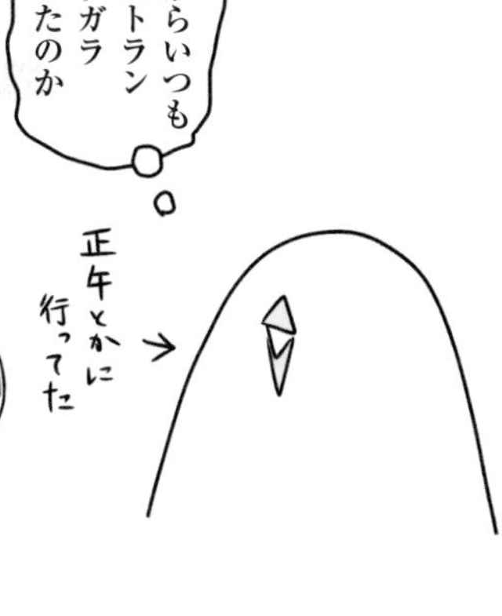

だからいつもレストランガラガラだったのか
正午とかに行ってた

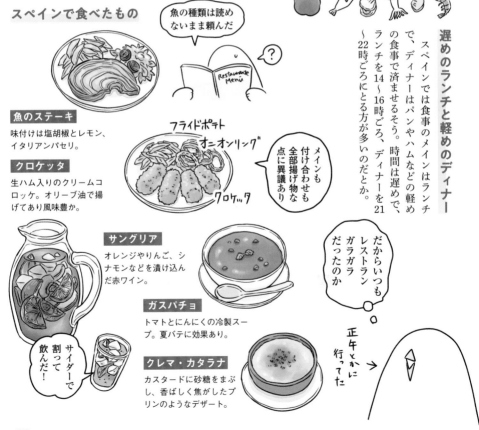

ラオスの食卓体験 カオニャオ と おかずたち

ラオスの人たちの主食は
カオニャオと呼ばれるもち米で
これを様々なおかずと共に
食べるのが毎日の食卓なんだそう
蒸し器

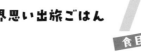

私はもち米を そのまま食べたことが なかったので
もちゃら 山菜おこわ やらは 好きだけど
蒸しただけの もち米 おいしい!!
知らなかった!!
盲点だった!!
ヒョイ パク ヒョイ パク
よく知っている 食材のはずなのに 初めての出会いのような 気持ちになった
小さな食堂だと冷めて 硬くなったもち米が 出てくることもあって 温かいスープやおかずで それをとろかしながら 食べるのが好きだった
ティップカオ
もち米を 入れる竹かご
生姜たっぷり 山菜のスープ
あっさり 風味
挽肉の和え物 「ラープ」
ライムと ナンプラーが お米に合う
バナナの葉の 蒸し料理 「モック」
中身は肉や魚 野菜など様々
また 現地で参加した トレッキングツアーの ランチ休憩では
もち米を バーン!! と手渡され
バーン!!
森で採った バナナの葉に おかずをドーン!! とのせられたので
ドーン!!
その大胆さも含めて ラオス料理は 強く印象に残っている

ラオス
トレッキングツアーの旅ごはん

DATA

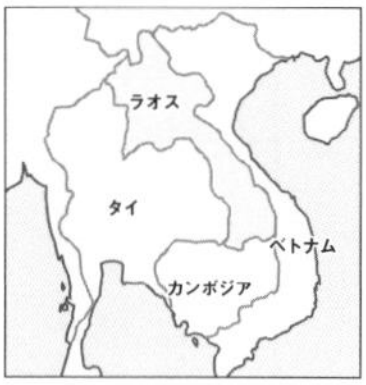
ラオス
タイ
ベトナム
カンボジア

国名 ラオス人民民主共和国
面積 約24万㎢
人口 約744万3000人（2022年）
首都 ビエンチャン
言語 ラオス語

スティッキーライス！
スティッキーライス！
もち米大好きアメリカちゃん（ツアー仲間）

スローライフな旅行者に人気

ラオスはのどかで自然豊かな国として人気が高く、スローライフを好む欧米出身の旅行者が多く訪れます。結果、バスや移動艇は時に欧米人99％（1％は私）状態になり、ラオスと同じアジア人であるはずの私の方が浮くという不思議空間になりました。でものどかな国を旅する人々もまた、どことなくのんびりしており、彼らとのひとときの道連れはなかなかに心地良いものでした。

命がけの川渡り!? トレッキングツアー

ラオス北部では、山岳民族の村を訪ねる1泊2日のトレッキングツアーに参加しました。現地ツアーには日本のような手厚いサービスはなく、「痒いところは自分で掻いて。この木の汁効くけど使う？」くらいの大雑把さが癖になります。

今回参加したツアーも、バスと称する軽トラの荷台に30分ほど揺られたと思ったら、いきなり泥色の川渡りを余儀なくされ、現地ツアーの洗礼を受けた気持ちになりました。川はそこそこ深く流れも速く、皆で手を繋いでなんとか乗り切りましたが……出会って早々命の危険に晒されるわ、全員尻までビッタビタになりパンツ姿は晒されるわで、仲間たちの距離がグッと縮まりました。必要以上に。

山中で食べたお昼ごはん。

ガイドさんが命がけで守ったおかげで川に沈まずに済む

ポリ袋入りのお弁当。

トレッキングツアーごはん

内陸国のラオスでは、山の幸を使った料理を沢山頂きました。味付けは魚醤や香草などで、生姜の香りもよく感じました。

ラープ
鶏肉や軟骨を煮たもの
たけのこの和え物
謎の葉っぱ
そして手のひらのもち米！

たまたまウェットティッシュを持っていたので配ったら一躍ヒーローに
ありがとう!!
ありがとう!!
テレッ

泊まった村で頂いた晩ごはん

豚肉炒め
青菜炒め
濃厚トマトスープ
しっかりめの味付けでごはんがモリモリ進む
そしてもち米！

翌日の朝ごはん

癖のない葉野菜みたいフローラルな香りはせず
山中で採った花の炒め物
カボチャの煮付け
日本の煮付けに近い味
昨日の残り
ガイドさんが淹れてくれたホットココア
竹筒のカップが可愛い
そしてもち米！
おこぼれを狙う犬

ガイドさんが採ってきた山の食材

ガイドさんは私たちを導きながらも、ちょくちょく藪の奥に消え、沢山の食材と共に帰ってきました。

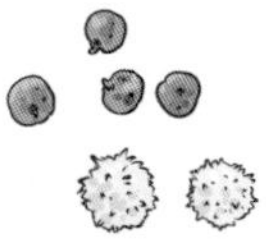

木の実色々

道中のおやつに。

山菜色々

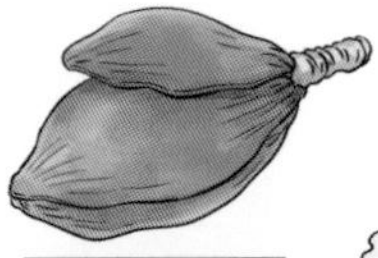

バナナの花

バナナの味はしない。食感はやわらかく、ほんのり甘みがある感じ。

黄色い花

名前を聞きそびれてしまったが、花オクラの類だったのではと思う。

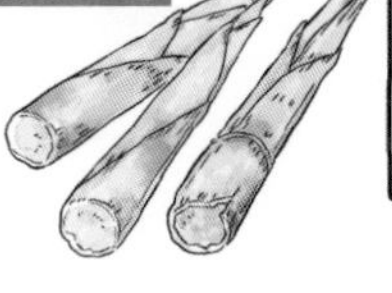

たけのこ

ナタ標準装備のガイドさん

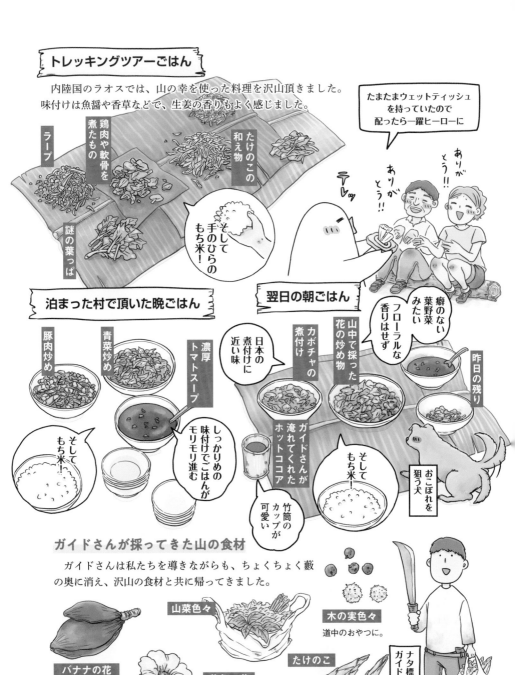

世界思い出旅ごはん 8 食目

台湾

台湾夜市で
食べ歩き！
珍味と噂の

臭豆腐

台湾旅は何と言っても屋台巡りが楽しかった
賑やかな夜市ではあれこれ目移りしてしまうが
そのうち一番よく頂いたのは臭豆腐だと思う
1份 50
2份 90
3份 120

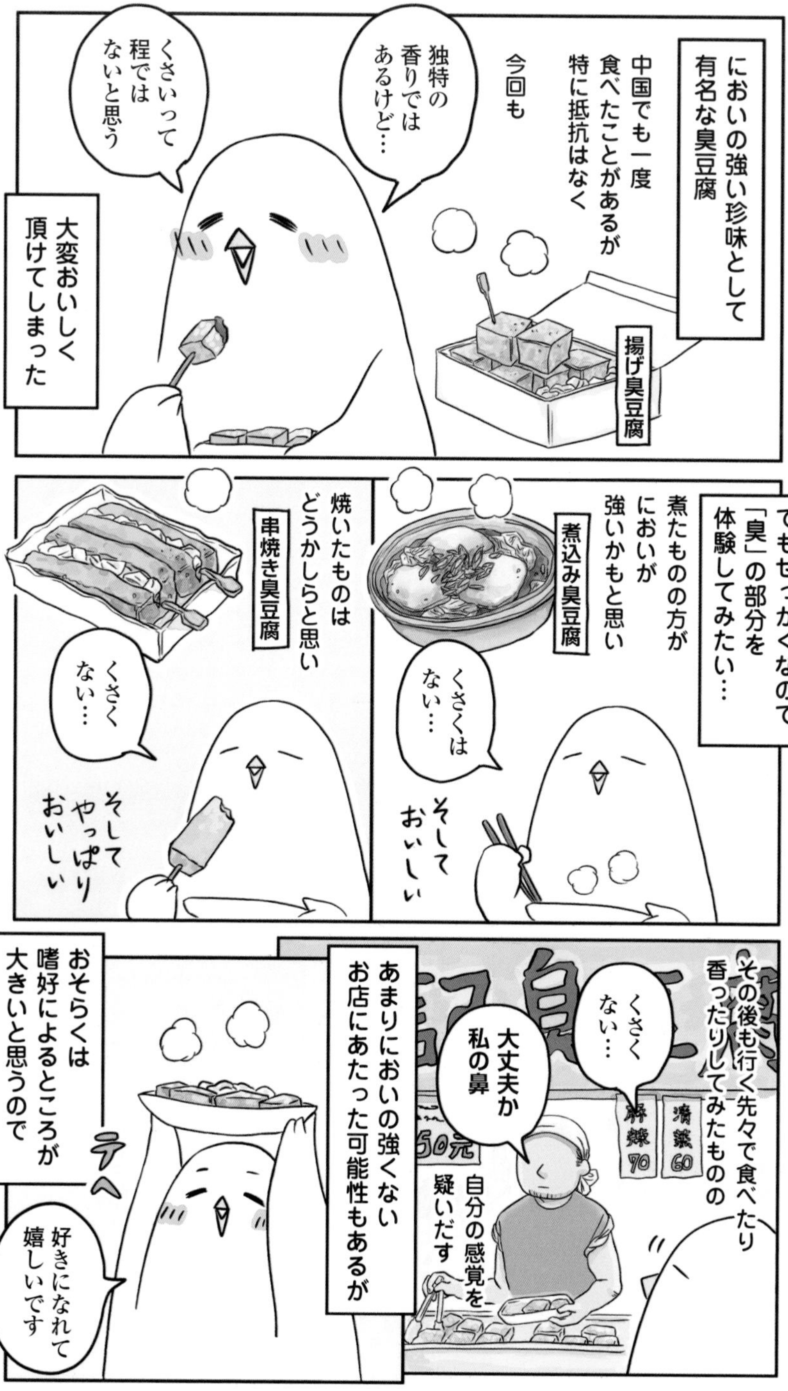
においの強い珍味として有名な臭豆腐
中国でも一度食べたことがあるが特に抵抗はなく今回も
独特の香りではあるけど…
くさいって程ではないと思う
揚げ臭豆腐
大変おいしく頂けてしまった
でもせっかくなので「臭」の部分を体験してみたい…
煮たものの方がにおいが強いかもと思い
煮込み臭豆腐
くさくはない…
そしておいしい
焼いたものはどうかしらと思い
串焼き臭豆腐
くさくない…
そしてやっぱりおいしい
その後も行く先々で食べたり香ったりしてみたものの
くさくない…
大丈夫か私の鼻
自分の感覚を疑いだす
あまりにおいの強くないお店にあたった可能性もあるが
おそらくは嗜好によるところが大きいと思うので
テヘ
好きになれて嬉しいです

台湾
夜市の旅ごはん

DATA

中国
台湾
フィリピン

地域名 台湾
面積 約3万6000㎢
人口 約2342万人（2024年）
主要都市 台北、台中、高雄
言語 中国語、台湾語、客家語等

連日連夜 夜市に通う

私が台湾を訪れた時期は、ちょうど春節と重なっていたためか、あるいはいつもこうなのか、夜市がかなりの賑わいを見せていました。観光客が集まるような大きなものもあれば、街角でさりげなくやっている小さめのものもある夜市。宿の周りを少し歩けば、どこかしらにたどり着くので、町の散策がいっそう楽しくなりました。

賑わう台湾夜市。

夜市は意外と酒不足

唯一苦しかったのは、夜市ではあまりお酒が売られていないことです。その辺のコンビニで買えば済む話ではありますが、飲酒禁止の場合もあり、さすがにそれには逆らえず。聞くところによると、台湾の人は家でお酒を飲むことが多く、外出先での飲酒にはそれほど積極的ではないのだそう。家だろうがどこだろうが飲酒に積極的な私は、「つまみがこんなにあるのに飲めないなんて……！」とうめき回っていました。

餃子をつまみにお茶を飲む

宿に持ち帰るのもアリ。でもどうしても夜市の雰囲気の中で飲みたい願望が……。

台湾環島旅

台湾には2週間ほど滞在し、列車でぐるっと一周しました。こうした一周旅を「環島《ホァンダオ》」と呼ぶそうです。

やってみたい〜
近年は自転車での環島が人気なんだとか

台北
台中
花蓮
高雄
一周900㎞くらい

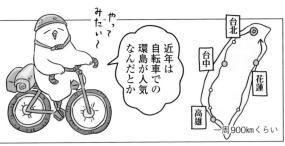

読めない

漢字の料理名が全然読めないので
燙青菜 30
白菜滷 35
滷 蛋 15
猪舌頭 50
舌頭肉 50
指差しや憶測による発音で注文してみるが…
この…
あっこせんください!!
蚵仔煎《オアジエン》
?
※牡蠣オムレツ
ねぎゆもちください!!
蔥油餅《ツォンヨウピン》
?
※モチモチねぎパン
に…にくひげ!!
肉鬆《ロウソン》
?
※肉でんぶ

台湾夜市で食べたもの

大腸包小腸《ダーチャンバオ・シャオチャン》

もち米の大腸詰めに豚肉の小腸詰めを挟んだホットドッグ。なるほど名前通り……。

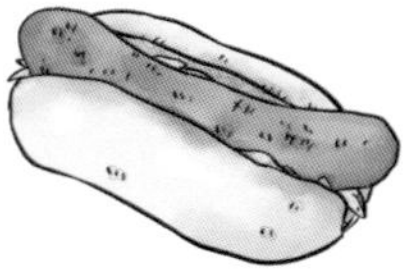

刈包《グァバオ》

蒸しパンに角煮を挟んだもの。パクチーもたっぷり入っていた。

肉圓《バーワン》

トゥルトゥルのもちみたいな皮で挽肉を包み、甘辛あんをかけたもの。おなかの中から温まる。

大鶏排《ダージーパイ》

どでかフライドチキン。顔くらい大きい。五香粉の香りが良い感じ。

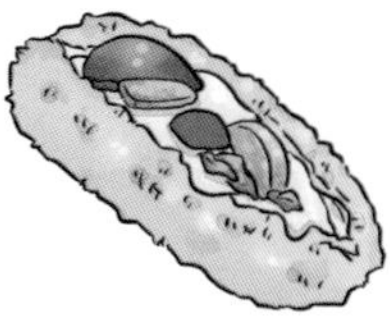

栄養サンドイッチ

と看板に書いてあった。揚げパンにたっぷりのマヨネーズ、野菜、ハム、煮卵を挟んだもの。ちょいと甘め。

Nutritious

タピオカミルクティー

黒糖入りのやつが好き。

黒糖ミルクティーおいしい！
タピオカで腹が苦しい…
ボソリ

カンボジア南部の名物コンビ

カニのグリーンペッパー炒め

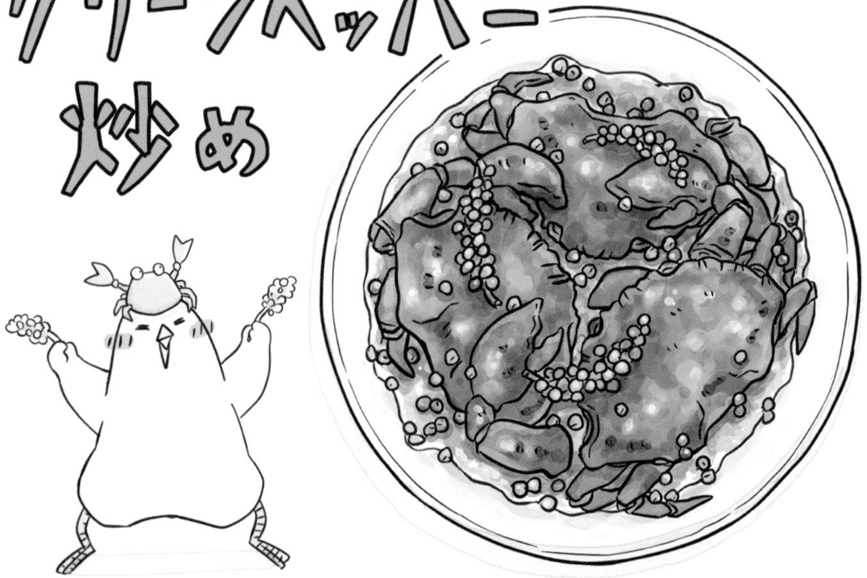

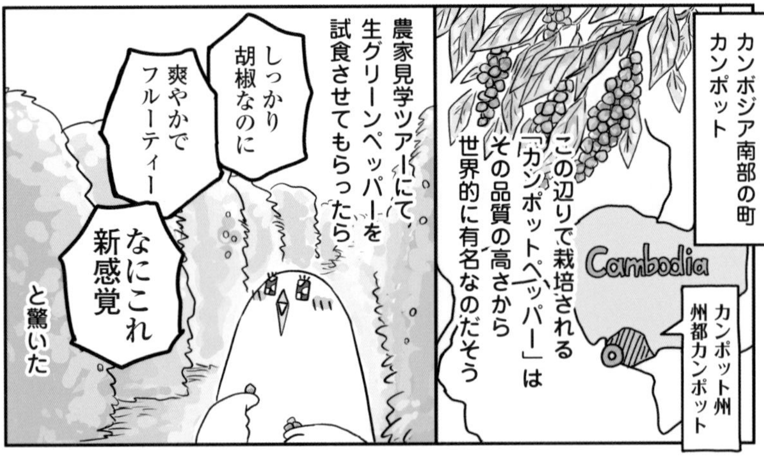
カンボジア南部の町 カンポット
この辺りで栽培される「カンポットペッパー」は その品質の高さから 世界的に有名なのだそう
Cambodia
カンポット州 州都カンポット
農家見学ツアーにて、生グリーンペッパーを試食させてもらったら
しっかり胡椒なのに
爽やかでフルーティー
なにこれ新感覚
と驚いた

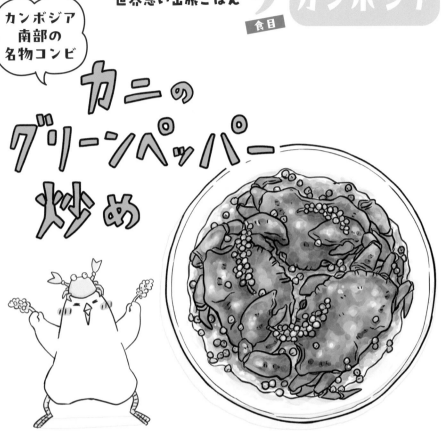

そして
隣町のケップは
カニの名産地
地元レストランでは
新鮮なカニ料理を
手頃な価格で楽しめる
カニの像
…と来たら
狙いはやっぱり
カニの
グリーン
ペッパー炒め
ください!
グリーン
ペッパー＆
ココナッツ
ミルク
ソース
わ〜
おいしそう!
ソースが
クリーミーで
胡椒の香りが
最高…
ペロリ
けどカニが
小さいな
食べ方が
分から
ない…
そのまま
いってみる
……
ボリ
ボリ
バキ
いけるな
喉に
刺さりそう
だけど
現地で知り合った
スウェーデン人
カップル
…ねえ
あのさ
うちの国でも
カニを食べるから
僕は食べ方
知ってるけど
君は
間違ってる
ブオリ
そお?
ブォリ

カンボジア

現地調味料と旅ごはん

DATA

ラオス
タイ
ベトナム
カンボジア

国名 カンボジア王国
面積 約18万1000㎢
人口 約1690万人（2023年）
首都 プノンペン
言語 クメール語

遺跡、象、カニ……お楽しみ色々

カンボジア旅のメイン目的はもちろんアンコールワットでしたが、それ以外にも魅力的な場所が沢山ありました。東では豊かな自然の中で象と遊んだし、南ではカニを食べながら小島のプチリゾートを楽しんだし、北ではバスを間違えて知らん街に着きました。そういえば西はあまり見ていませんが、それはいつかのお楽しみに取っておきたいと思います。

カンボジアで出会った味

クルーン
生姜やウコン、生ハーブを潰して混ぜたもの。たまに感じたフレッシュな香りはこれだろうか。

トゥック・トレイ
カンボジアの魚醤。

プラホック
淡水魚から作る塩辛みたいな発酵調味料。市場で見た山盛りの謎物体はきっとこれ。

PRAHOK

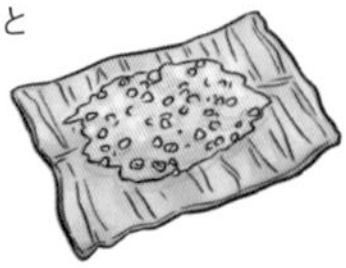

パームシュガー
ヤシの樹液から作ったまったりコクのある砂糖。買って帰って煮物を作ったら絶品だった。

ハーブ類

ミント
バジル
パクチー
レモングラス
など

ココナッツミルク

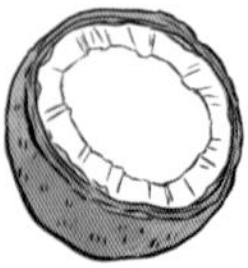

胡椒

カンボジアはタイ、ラオス、ベトナムの３国に隣接しているので、食文化自体よく似ているし調味料も似たものが多いようです。その中で比較すると、カンボジア料理はタイほど辛くないし、ベトナムほど香草祭りでもないし、山の幸の印象が強いラオスと比べると海の幸の印象も割とあり……といった感想です。陸路移動でふらふら国をまたいでいると、景色の変化と共に、料理の味や食材も少しずつ変わっていくのを楽しめます。

調味料のことは後から調べて知ることが多いですが
あの風味はこれか〜と答え合わせをするようで楽しいです

カンポットペッパー

見せてもらった４種のペッパー

色違いの胡椒は別の種類だと思っていたら、元は全部同じだそう。ピリ辛味は共通だけど風味はかなり異なります。

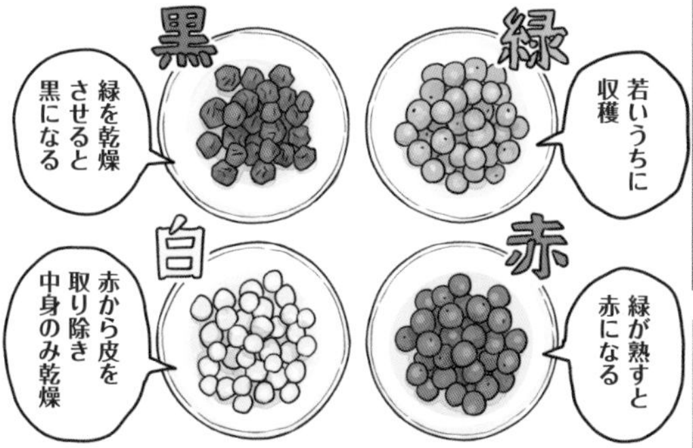

黒
緑を乾燥させると黒になる
緑
若いうちに収穫
白
赤から皮を取り除き中身のみ乾燥
赤
緑が熟すと赤になる

ケップのカニ市場

カニ市場では新鮮な魚介類や野菜も売っている他、量り売りのカニを買ってその場で調理もしてもらえます。また、付近に並ぶレストランでは手の込んだカニ料理や魚介料理も楽しめます。

アンコールワットと食べ歩き

アンコールワット遺跡群は町一つ飲み込むくらい広大なので
レンタル自転車を借り3日かけて回った
チリン
チリーン♪
体力を使うので食べ歩きがいっそう楽しい
ココナッツ生ジュース
揚げバナナ
パッションフルーツシェイク
揚げパン
道端に並ぶパームシュガー屋さん
・・・
ズラ〜
全員からは買えない…!!
ビビった私は目を合わさないように走り
一番最後の女性から砂糖を買った後
フルスロットルで逃げた

そしてその砂糖はリュックの底で溶けました。

世界思い出旅ごはん 10食目 エクアドル

エクアドルで驚いたバナナ料理

ティグリージョ

エクアドルは世界有数の
バナナの生産国ということで
自分のエクアドル旅を
思い返してみると
やはりバナナがよく出てくる

市場では色んな種類の
バナナが売られていて
甘くならない品種もあるので
私はいつも
ドゥルセ（甘い）？
と聞いてから
買うようにしていた
甘くないバナナは調理用で
料理の付け合わせにしたり
チップスにしたりして
色んな形で親しまれているようだ
バナナ料理で面白かったのは
ジャングルツアーの
朝食で食べた「ティグリージョ」
ツアー仲間の証言によると
①茹でた青バナナを潰して
結構硬い
②玉ねぎやチーズ 卵と一緒に炒めて
味付けは塩
という感じの工程で作られたようだ
炒飯のような見た目の
それはバナナだけれど
甘みはなく
言われないとバナナって分からないですね
うん ポテトみたい
とても楽しくおいしい体験だった
激しく揺れる往路車内で
必死に守ったかいが
あったというものだ
ガタ
ガタ
バナナを押さえろ

エクアドル

バナナと過ごす旅ごはん

DATA

国名 エクアドル共和国
面積 約25万6000㎢
人口 約1776万人（2021年）
首都 キト
言語 スペイン語（他にケチュア語、シュアール語等）

赤道は2本ある！

エクアドルはスペイン語で「赤道」の意。キト郊外には「赤道博物館」というのがあり、赤道ラインをまたげますが……

観測技術の進歩によりその線がずれ、ラインは現在2本あります。

エクアドルで出会ったいきものたち

リスザル

体長30センチほどの小さなおサル（しっぽ除く）。中南米のジャングルに生息。

イグアナ

べちゃべちゃとだらしない歩き方がキュート。エクアドル領ガラパゴス諸島などに生息。町中の公園などでも会える。

バナナライフinエクアドル

南米はスペイン語が主流なので、南米突入1カ国目のエクアドルではスペイン語学校に通いました。2週間ほど過ごしたその間、朝はバナナを食べてから通学し、昼はバナナがのったランチを食べ、夜は自炊してパスタなどを食べつつも、小腹が空いたらやっぱりバナナをつまみ……などとにかくバナナと密なお付き合いをしていました。おかげでおなかの調子がとても良かったです。良すぎてやや壊していたくらいですが、それは初南米におびえて毎日ビクビク過ごしていたせいかもしれません。

エクアドルの首都キト。赤道直下で日差しは強いが、標高が高いので暑くなく春っぽい気候。

青バナナ観察日記

in エクアドル

1日目

青すぎるバナナを買ってしまった。食べてはいけない味がする。

2日目

他の果物と一緒にするとガスにより早く熟れると聞いたため

熟れたバナナを買ってきて一緒に袋詰め。

他の果物のはずが、うっかりバナナにしてしまったが効くのか？

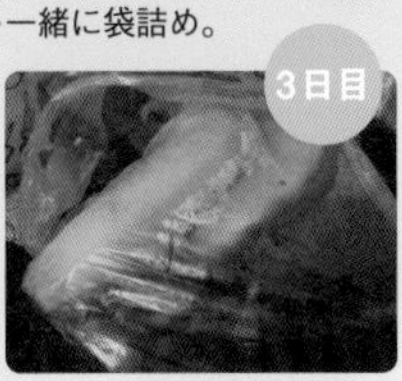
3日目

アラちょっと熟れてきた？

4日目

だいぶ黄色くなってきた。

5日目

マンゴーを投入してみる。

6日目

応援バナナが傷みそうなのでこちらから食べ始める。

7日目

応援バナナがおいしい。

8日目

青バナナが減っている。間違えて食べるくらい熟れてきているということか。

これは文句なしに食べ頃。気になるのは、最初に「他の果物」を入れていたらもっと早く熟れていたのかということだ……

9日目
おいしい!!

青バナナ観察日記 完熟

よく見るバナナの食べ方

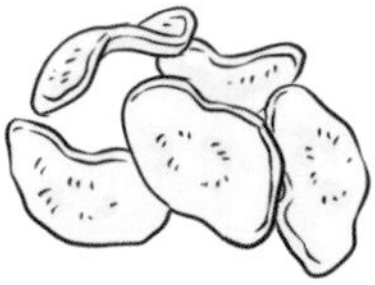

チフレ

薄めのバナナチップス。甘いのもあるけど塩味のがポテチみたいで好き。

パタコネス

二度揚げした厚めの青バナナチップス。カリカリでホクホク。

①バナナの輪切りを
一度揚げ
②ムギュッ
と潰し
③もう一度
揚げる

エクアドルでよく見るプレート

煮込みチキンか
フライドチキン
フライドポテト
トマト
豆
ごはん

バナナと並んでよく食べていたのは芋と豆とチキン。エクアドルの飲食店でお安いメニューを頼もうと思うと、どうにもこうにも芋と豆とチキンに行き着く。

揚げ
バナナ
ゆで
もろこし
フライド
ポテト
チキンの
素揚げ

揚げ物の盛り合わせみたいなプレートもよく見かけた。当然のようにバナナ付き。この場合のバナナは甘くなく、芋のようにホクホク良い食感。少し塩を振るだけでおいしい付け合わせになってくれる。

世界で出会った 茹で卵料理

毎年春頃に祝われる
イースター（復活祭）
カラフルな
イースターエッグの画像を
見る度に頭の中が
卵まみれになるので…
世界で出会った
茹で卵料理を
語ります

デビルドエッグ（欧米）
イースターの定番料理で
茹で卵を半分に切り
様々なトッピングをしたもの
レシピは無限大！
黄身を出して色々混ぜる
ピクルス入りが好き
ゾールアイ（ドイツ）
ヒビを入れた固茹で卵を殻ごと
塩水＆薬味などに漬けたもの
保存食の一種
オイルやビネガーマスタードなど
完成品にさらに味を足して楽しむ感じ
エッグカレー（インド）
インドでハマった
茹で卵がゴロンと入ったカレー
茹で卵を丸揚げしてあるやつが好き
スパイシーなカレーと
茹で卵は相性抜群！
茶葉蛋《チャーイエダン》（中国、台湾など）
ヒビを入れた固茹で卵を殻ごと
醤油、茶葉、八角などで煮たもの
台湾のコンビニに
よく置いてあり
独特の香りを放っている
おいしい!!
思ったほど癖はない感じ
茹で卵は一人酒の
お供によく作るのだけど
毎度味付けを変えて
いるので全然飽きない
塩振り
みそ漬け
スパイス漬け
など
など
たかが茹で卵
されど茹で卵
んマイ!!
その奥深い世界に
もうずっと夢中だ

おいしいものの見つけかた

何かに聞く

❶国名で検索してみる
タイ グルメ
珍味
食材
とかで検索
❷テレビや書籍からメモしておく
美食の国トルコ
2024
❸オンラインマップの口コミを見てみる
3.8
3.5
4.6
4.0

普段からメモ魔

星の数と写真を参考に

現地で聞く

❹宿の人に聞いてみる
名物？だったらあの店の…
Reception
❺宿仲間に聞いてみる
○○？食べたよ！この道の〜
❻繁盛店に行ってみる
何だろおいしそう!!

流れに身を任せる

❼隣の人と同じものを頼んでみる
おいしそ〜
私も同じのください
❽読めないメニューを適当に指してみる
コレ
一つ
クダサイ
❾席についたら勝手に出てくる
ハイ
はい

❾は路地裏の小さな食堂や、長距離バスの休憩で寄るメニューのない店など。「一人です」のジェスチャーくらいはしたかと思いますが、それ以外は一言の会話もなく自動的にランチタイムが始まります。だいたいアジア圏。食べたいものばかりを目指すと好みも栄養も偏るので、こうしたお任せシステムでの出会いがとっても楽しいのです。

謎の何か

メニューのない屋台や読めない店では適当に指差し注文するが…
これ〜〜だけどオーケー？
（全く聞き取れなかったけど）オーケーです
よく分からないものをよく分からないまま食べることもある
死にゃしねぇよ
ガハハ

望まぬ何か

インドあたりで町人にオススメを聞いた場合
あの店は最高だ！
町一番のレストランだ！
実際はただの友達の店
おいしいけど多分町一番ではない
…
前評判と違うことはよくある
西洋人旅人にオススメを聞いた場合
この店超おいしいよ！
ピザ
現地料理を聞いたつもりだった
…
何故かイタリアンに行き着くことはよくある

世界思い出旅ごはん 11食目 ブルガリア

メキッツァとヨーグルト

ブルガリアの定番朝ごはん

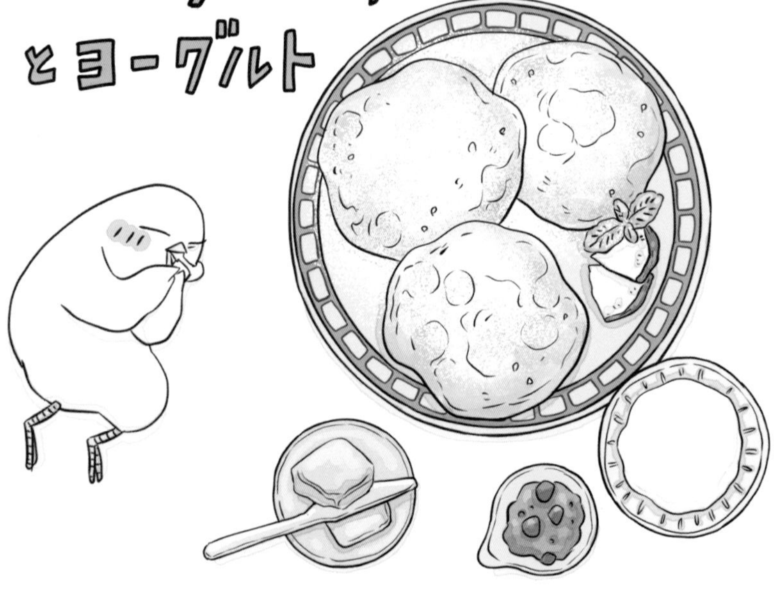

ブルガリア旅中
何度も頂いたメキッツァ
ヨーグルト入りの
パン生地を
揚げたものだそうで
やわらかな食感と
優しい風味が
朝ごはんにぴったりだった

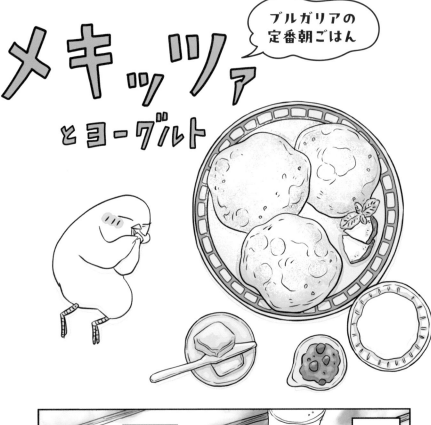

メキッツァに
よく添えられていたのは
ジャムや蜂蜜
その他
ハムやチーズなど
塩気のあるものと
合わせてもおいしい
そしてもちろん
ヨーグルトとも
抜群に合う
ブルガリアといえば
ヨーグルトという
イメージがあったので
本当に
いっぱい
食べるんだ!
スーパーの棚を埋め尽くす
ヨーグルトを見たときは
なんだか感動したものだ
大容量の容器がたまに
植木鉢として再利用
されているのも可愛い
Кисел
スーパーやカフェでも
買えるヨーグルト
そしてメキッツァだが
やはり家庭の味が
一番の様子
うちのは
とびきり
おいしいよ!
宿のご主人やおかみさんが
提供してくれる
手作りの朝ごはんは
いつも特別な味だった

ブルガリア

ヨーグルトを知る旅ごはん

DATA

ルーマニア
セルビア
ブルガリア
黒海
トルコ

国名 ブルガリア共和国
面積 約11万900㎢
人口 約646万5000人（2022年）
首都 ソフィア
言語 ブルガリア語

やっぱりヨーグルト大好きなブルガリア人

ブルガリア人は１人当たり年間20 ～ 30kgものヨーグルトを食べるといいます。スーパーで手軽に買えるようになった現代でも、自家製ヨーグルト作りの文化は健在のようです。

ヨーグルトポット

ヨーグルトは素焼きの壺で発酵させるととびきりおいしくできるそう。

水分をよく吸ってくれたり
温度がいい感じに整ったり

以前、別の国で食べた素焼きの器入りヨーグルトが

器に接した部分が明確に
ウマイ!!

という感想だったので、その効果には心から納得しています。

ブルガリアの名産品でリラックス

ブルガリアは穏やかな国でした。

……と感じるのは、賑やかなトルコの後に入国したからかもしれません。トルコ、特にイスタンブールでチャイチャイチャーイと激しくお茶に呼ばれたのが嘘のように、ブルガリアではとても静かにメキッツァとヨーグルトが出てきました。店員さん元気ないんですか？と思いました（元気そうでした）。

ローズティー
ヨーグルトシャンプー
ローズジャム
ヨーグルト&バラせっけん

ブルガリアといえばヨーグルトですが、バラも名産品とのことで、関連商品をよく見かけました。ヨーグルトとバラのせっけんなどはまさにブルガリアそのものです。ブルガリア旅が妙にリラックスして過ごせたのは、こうした名産品の力もあるかもしれません。爽やかなヨーグルトに麗しのバラ。いかにも心が落ち着きそうではありませんか。

ある日の宿の朝ごはん

バター
メキッツァ 粉砂糖かけ
メキッツァ プレーン
チーズ
ハム
ミルク
コーヒー
アイリャン
ヨーグルトを水で割ったドリンク。お好みで塩を少々。
ご主人の目を盗んでコーヒー用の砂糖を入れる私
別に怒られないとは思うけど何となく…
伝統違反かなと・・・

世界遺産の朝ごはん

裏のカフェで食べた

しっかり固まっており濃厚な味
塩気強めで甘みはなし
テーブルの砂糖を投入
メキッツァ
遊びに来た蜂
ヨーグルト

リラ修道院。長い歴史を持つブルガリア最大の修道院で、宿坊もある。私も一晩宿泊した。

世界思い出ヨーグルト

ミスティ・ドイ

バングラデシュの甘いヨーグルト。ボグラという町のドイが有名と聞いて買ったが、直径30センチくらいある素焼きの器に入っており食べ切るのに二日かかった。

カラメルのような風味
かなり甘かった

ズーズーダウ

レアチーズケーキみたいな味
おいしすぎて三つくらい食べてしまった

「ヨーグルトの王様」という意味だそう

ネパールのバクタプールという町で人気のヨーグルト。こちらも素焼きの器入りで、小ぶりなので買いやすい。

グリークヨーグルト

ギリシャのヨーグルト。水分がしっかり切られており濃厚でまったり。

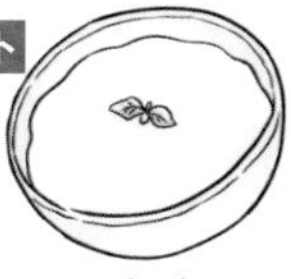

一時期どハマりしており、いっぱい食べたくて培養したがやり方が適当すぎてただの水っぽいヨーグルトに。

ぬくい牛乳にヨーグルトを加えそのへんに放置
・・・
グリークヨーグルトの良さが台無し

バングラデシュのサクサクおやつ

フスカ

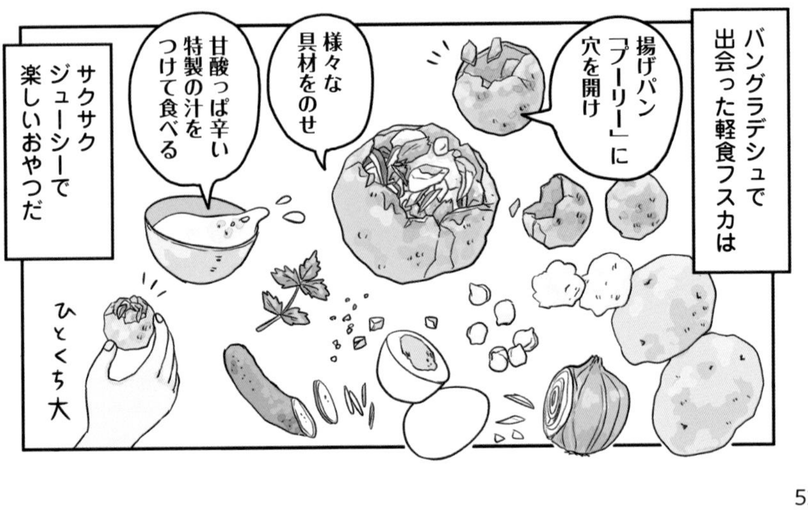
バングラデシュで出会った軽食フスカは
揚げパン「プーリー」に穴を開け
様々な具材をのせ
甘酸っぱ辛い特製の汁をつけて食べる
サクサクジューシーで楽しいおやつだ
ひとくち大

なお インドやネパールにも 親戚みたいな食べ物 「パニプリ」がある
具材は 少なめ ソース たっぷり
パニプリの屋台に行くと 小さなお皿を渡され
わんこそばのように どんどん作って もらえるのが楽しい
ホイ ホイ ホイ
パニプリも大好きだが 私はどちらかというと フスカの方が好み
理由は 具材が多くて 嬉しいのと
わんこそば式 じゃないので 落ち着いて 食べられる…
かと思いきや
!? !?
気づくと フレンドリーな 地元の皆さんに 囲まれており結局焦る
外国人旅行者が 珍しいのかも
それでも
モジャ？ （おいしい？）
クーブモジャ！ （とってもおいしい！）
おいしいものは やっぱり おいしいのだ

バングラデシュ
チャーの思い出と旅ごはん

DATA

中国
ネパール
ブータン
バングラデシュ
インド

国名 バングラデシュ人民共和国
面積 約14万7000㎢
人口 約1億7119万人（2022年）
首都 ダッカ
言語 ベンガル語

バングラデシュで恐怖!?体験

バングラデシュの印象は、とにかく人が多いことと、その人たちに取り囲まれるということです。観光客が少なく外国人旅行者などほぼ見ないので、珍しかったのだろうと思います。人々は明るく優しいのですが、問題は私があまり対人コミュニケーションに長けた人間ではないということ。2、3人ならまだしもここまで大人数になると

ヒエエエエエエェェェェ

……というのが毎日の感想でした。

人が人を呼びあっという間に賑やかになる。

街角で楽しむチャー

インドでお馴染みのチャイは、バングラデシュでは「チャー」と呼ばれて親しまれています。チャイが常にミルクティーだったのに対し、チャーはミルクティーかストレートかを選ぶこともできました。

山羊やアヒルと雨宿り

田園風景の中をのんびり観光していたら突然大雨に。人も犬も山羊もアヒルも慌てて茶屋の軒下に隠れ、みんなで雨宿りしながら飲んだチャーはとても温かかったです。

コンデンスミルク入りのチャー
チャドカン
お茶屋さん。街角に小さなスペースを構えていたり、カートを引いた移動式のお店だったり。クッキーなども売っている。

具材色々

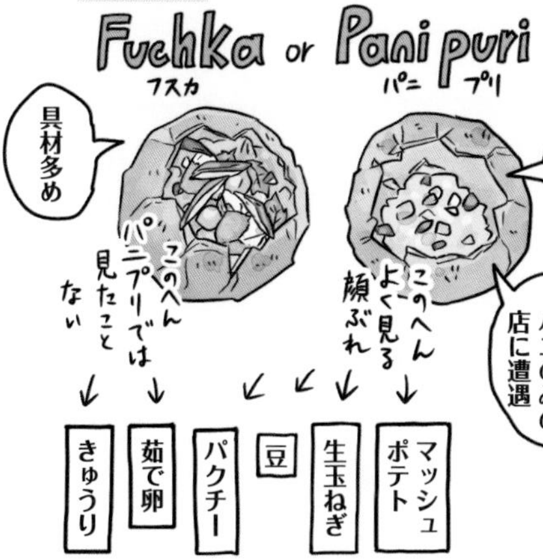
Fuchka《フスカ》 or Pani《パニ》 puri《プリ》
具材多め
具材少なめ
このへんパニプリでは見たことない
このへんよく見る顔ぶれ
一度具材なしパニのみの店に遭遇
きゅうり
茹で卵
パクチー
豆
生玉ねぎ
マッシュポテト

現地流パニのつけかた

テレー
パニはコップで渡されたり
わんこプリ店では店員さんがつけて渡してくれたりする
ちゃぽり
ハイ

プリが汁気を吸ってどんどんふやけるのですぐ食べる。

カリカリジュワ〜でウマイ!!

おうちで楽しむフスカとパニプリ

フスカもパニプリもおうちで簡単に手作りできます。基本の工程は本当にシンプル。でも材料集めが少々難儀かもしれません。

材料
❶パニ
❷プリ

Pani《パニ》

つけ汁

パニは水のこと。パニプリマサラを水に溶かせば一気に現地の味に。パクチーやレモン汁を加えるとさらに良し。

パニプリマサラ

日本のスーパーではなかなか見ない
輸入食材店や通販でなら見たことある
PANI PURI MASALA

Puri《プリ》

カリカリのやつ

プリとかプーリーとか呼ばれるこれはパニプリパパドを油で揚げれば完成。

パニプリパパド

揚げるとプクプクのボール形に
こちらも日本のスーパーではなかなか見ない
PANI PURI PAPAD

あとはプーリーに指で穴を開け、パニをつけて食べるだけ！ さらにお好みの具を入れればおいしさはうなぎ上りです。

インドネシアで一番食べた現地飯

ナシゴレンとミーゴレン

インドネシアで一番
食べたのはこちらの2品
ナシゴレン
炒飯みたいな料理
「ナシ」はごはん
「ゴレン」は
炒める・揚げる
ミーゴレン
焼きそば
みたいな料理
「ミー」は麺
どこにでも売っているし
早い安いうまいで
旅のお供に最適だったのだ

二つの料理の味付けはよく似ていて主要な調味料はこんな感じ
ケチャップマニス
甘口の濃厚醤油みたいな調味料ケチャップではない
サンバル
ペースト状の辛み調味料
その他魚醤など
あと付け合わせはだいたいこんな顔ぶれだが
クルプッ
エビや魚のすり身を使った揚げせんべい
これがサクサクおいしくてどハマりしていた
うどん型のやつが好き
5円くらいで売ってるのでよく買ってた
二つのうち 私が特に好きだったのはミーゴレン
ミーゴレンください
あいよ!
こちらはインスタント麺も売っていて
Mi goreng
屋台飯でそのまま出てきたのをきっかけにハマりお土産にも買って帰った
いさぎよし〜
ナシゴレンやミーゴレンは宿の朝食に出てくることもしばしば
ある日の宿の朝ごはん
思えば朝から晩まで食べていたなあと懐かしく思う
定番だけど特別な旅ごはんの思い出
ただ唯一気になることは…
なんか毎食小ぶりな気がするんだよな
たりない…

ブルネイの伝統料理

アンブヤット

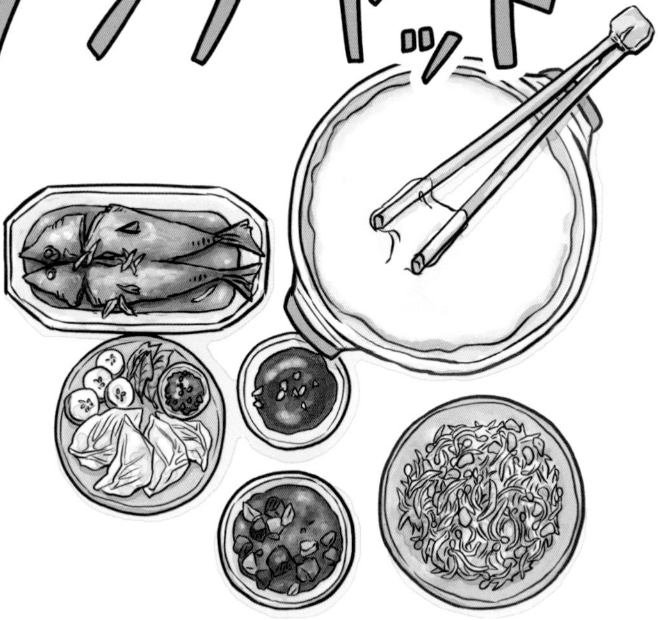

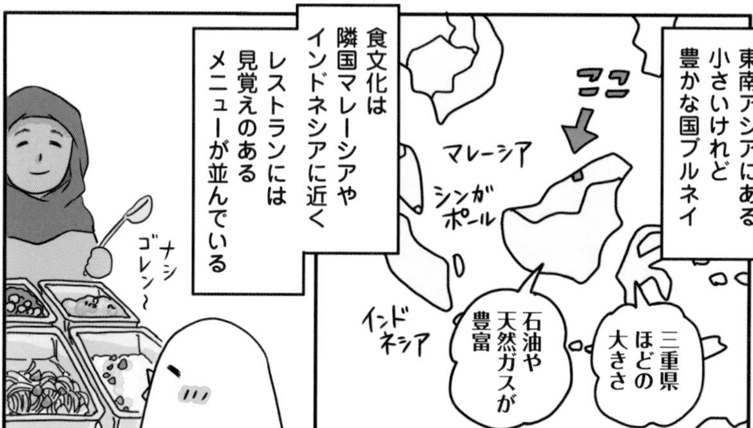
東南アジアにある
小さいけれど
豊かな国ブルネイ
ここ
マレーシア
シンガポール
インドネシア
三重県ほどの大きさ
石油や天然ガスが豊富
食文化は隣国マレーシアやインドネシアに近く
レストランには見覚えのあるメニューが並んでいる
ナシゴレン〜

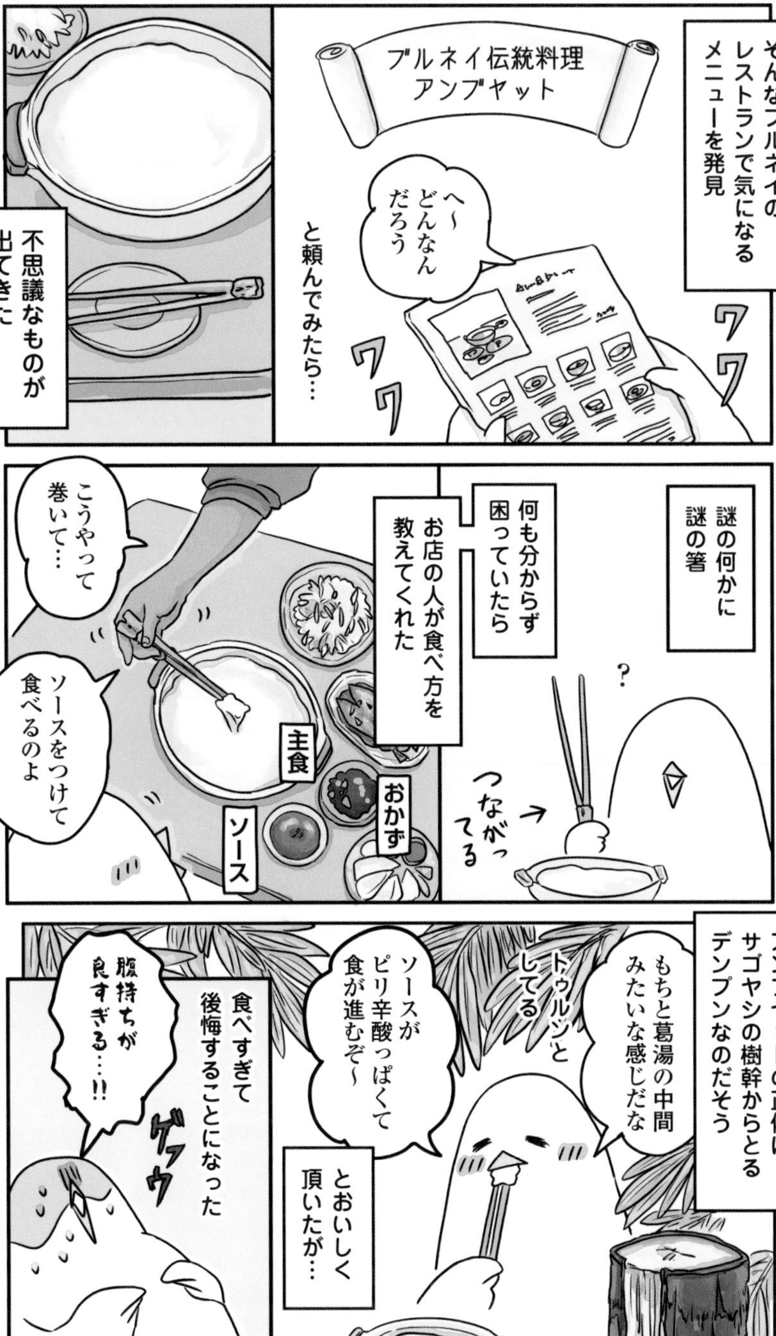
そんなブルネイのレストランで気になるメニューを発見
ブルネイ伝統料理
アンブヤット
ワクワク
へ～どんなんだろう
と頼んでみたら…
不思議なものが出てきた
謎の何かに
謎の箸
?
つながってる
何も分からず困っていたら
お店の人が食べ方を教えてくれた
主食
おかず
ソース
こうやって巻いて…
ソースをつけて食べるのよ
アンブヤットの正体はサゴヤシの樹幹からとるデンプンなのだそう
もちと葛湯の中間みたいな感じだな
トゥルッとしてる
ソースがピリ辛酸っぱくて食が進むぞ～
とおいしく頂いたが…
食べすぎて後悔することになった
腹持ちが良すぎる…!!
ゲフゥ

インドネシア
バリ島の思い出と旅ごはん

DATA

フィリピン
マレーシア
インドネシア
オーストラリア

国名 インドネシア共和国
面積 約192万㎢
人口 約2億7000万人(2020年)
首都 ジャカルタ
言語 インドネシア語

謎の花かごに煙の舞

インドネシアで私が最初に降り立った地はバリ島です。バリ島は「異国情緒」という言葉がよく似合う場所で、まず空港からしてバリバリにバリだし、宿にチェックインした途端、煙の舞を披露されるし、町に出たら至るところに謎の花かごが置かれているし、不思議な香りのお香が焚かれているし。見るもの全てが新鮮で、かつ同じアジアということでどこか懐かしい雰囲気も感じます。日本の、そして世界の人々がこの島に夢中になる理由がよく分かりました。

煙の舞

コンコン
バンッ
?
??
パターン

虫除けだったようです。

チャナン

神様へのお供えで、ヤシの葉などで作る小さなかごに花やお菓子が入っている。

よく道端でひっくり返ってる

ハヌマーン

インドの猿神。バリ島では毎日どこかしらで伝統舞踏のショーを見ることができる。インド叙事詩のラーマーヤナは人気の題目。

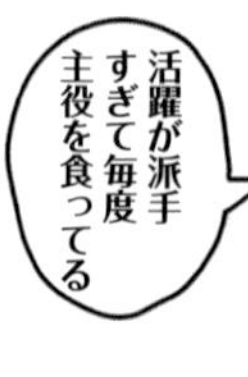

活躍が派手すぎて毎度主役を食ってる

ブルネイ

豊かな国の素朴な旅ごはん

DATA

ブルネイ
マレーシア
インドネシア

国名　ブルネイ・ダルサラーム国
面積　約5765㎢
人口　約44万人（2021年）
首都　バンダル・スリ・ブガワン
言語　マレー語（公用語）

物価がツライ!? 黄金の国ブルネイ

　ブルネイはマレー諸島のボルネオ島の中にちょこんと存在する小さな国です。しかしその国土面積に反して経済力は凄まじく、モスクはドカンと巨大だし、博物館には金銀財宝が展示されているし、広場も道路もいちいち広くてまさに黄金の国……の物価は当然ながらそれなりで、宿代などが予算オーバーだったので、金欠旅行者の私は二日で脱出しました。

いや何もかも高いわけではないのですが…
直近のマレーシアが総じてお安かったのでギャップがですね

週末黄金旅のススメ

　ブルネイには成田からの直行便があります。片道6時間程度なので、これを利用した週末黄金旅もなかなか乙かもしれません。

コタキナバル
ブルネイ首都
バンダル・
スリ・ブガワン
バビューン!!
Brunei

私はマレーシアのコタキナバルからバスとフェリーを乗り継いで到着。

ブルネイで食べたもの

　宿近くのミニ市場で買ったお弁当。おかずを2品選んで1ブルネイドルでした。

※当時のレートで90円くらい

フライドチキン
たけのこと青菜の炒めもの
ごはん
サンバル

Nasi Katok

ごはん、おかず、サンバルのシンプルな組み合わせは「ナシ・カトック」といって、ブルネイの国民食とも言える定番メニューなんだとか。

ナシゴレン、ミーゴレン

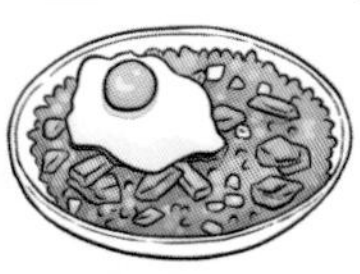

サテ

串焼き。ピーナッツソースが甘辛おいしい。

東南アジア料理の混戦っぷり

　インドネシアやマレーシア、シンガポール、ブルネイなどの国々は、多種多様な民族の人々が一緒に暮らす多民族国家。そのため食文化も複雑に混ざり合っており、よく似たメニューを至るところで見かけます。

せんべい？ クレープ？
中国で食べた
パリパリおやつ

煎餅餜子《チェンビン グオズ》

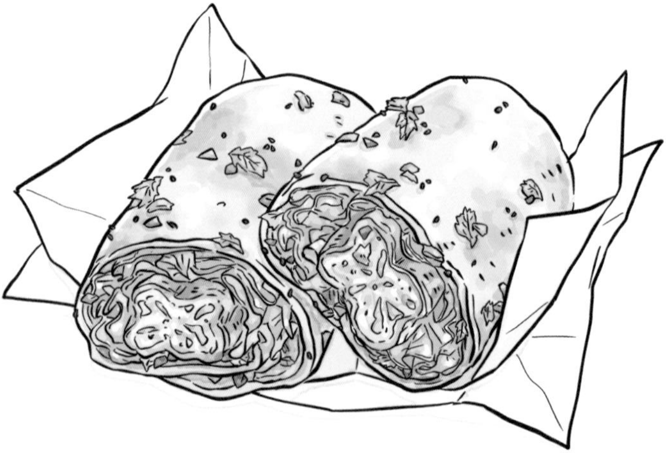

中国 北京にて
夜行バス明けのある朝
バスターミナル前で
街が起きだすのを
待っていると…
何やら香ばしい
匂いがしてきた
1個
ください

クレープのようなこちらの食べ物は「煎餅《チエンビン》」というらしい
薄焼きの生地に
卵を割り広げて一度ひっくり返す
味噌ダレを塗って
ねぎとパクチーを散らし
畳んで完成!!
ちょっとピリ辛でおいしい!
薬味がいい仕事してる
大変おいしかったので翌日も同じものを食す
こちらのお店のものは「煎餅餜子《チエンビングオズ》」という名前で中に揚げワンタンのようなものが入っていた
ザクザク
食感がイイ!!
薄脆《バオツイ》
小麦粉生地を揚げたもの
油条《ヨウティヤオ》
揚げパンみたいなの
このへんが入ってたら煎餅餜子
中国の「煎餅《チエンビン》」と日本の「煎餅《せんべい》」が同じ漢字なのに全く別の食べ物なのはなんだか不思議だったが…
?
一昔前の煎餅
渡来時のクレープ
最近
レタス!!
パリパリ!!
ソーセージ!!
フルーツ!!
クリーム!!
チョコレート!!
シンプルだった食べ物がどんどんボリューミーになってくる現象については
妙な親近感を覚えるのだった

中国
粉もの巡りの旅ごはん

DATA

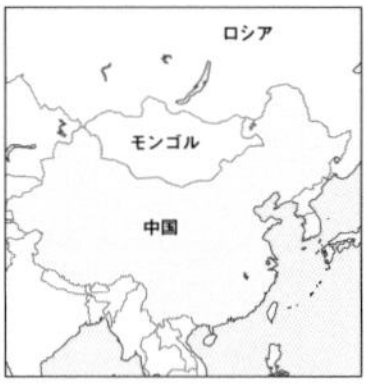
ロシア
モンゴル
中国

国名 中華人民共和国
面積 約960万㎢
人口 約14億人
首都 北京
言語 中国語（公用語）

アピール

同じアジア人ということで顔が似ているのでよく中国語で話しかけられる
えーと…そーりー…
外国人だと分かると相手が慌てるのが見て取れ申し訳ない気持ちになる
なので最初から外国人アピールをすることに
HAHA HAHA
ヤーヤーハローハロー
だいぶ怪しいと思う

便利じゃなくても船が好き

私は船旅が好きで、よく関西―上海間の船に乗っていました。到着までは２泊３日かかるし、インターネットは繋がらないし、船内では特にやることもありません。最近は船より安いフライトもあり、「金はないけど時間はある」バックパッカー御用達だったはずの船は、もはやただの遠回りになってしまっていますが……それでも、「船旅」が持つロマンは何ものにも代えがたいものなのです。

関西―上海間はコロナ禍により２０２０年より旅客運航停止中。

中国旅は筆談で

私は中国語が全く分からないので、基本的に筆談でやりとりをしていました。単語を並べるだけでもある程度通じますし、写真のないメニューでも文字列を見ればどんな料理か想像できます。ただ「煎餅」の例もあるように、中国と日本の漢字では意味が違うことも。「公共汽车」という字面から汽車を想像したらバスだったことなど、中途半端に読めるゆえに起こる勘違いも多くありました。

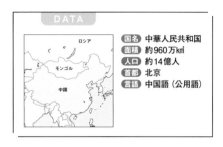

中国で出会った粉もの料理

おいしすぎて慌てて2個目を買いに行った

鮮肉月餅 《シェンロウユエビン》

パイみたいな生地に肉まんみたいな具が入っていた。上海で一度食べて以来やみつきに。

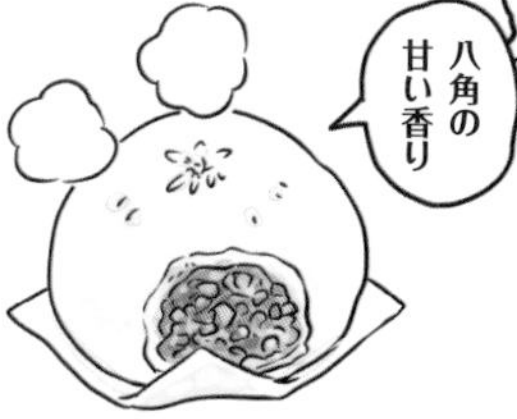
八角の甘い香り

肉包子 《ロウパオズ》

肉まん。日本の肉まんと違い皮に甘みはなく、食感もしっかりめだった。

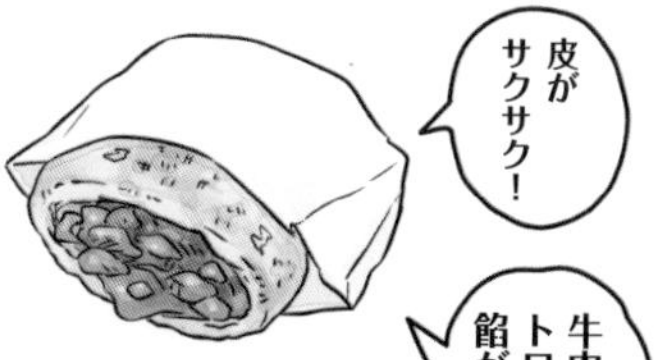
皮がサクサク!
牛肉っぽいトロトロの餡が入ってた

餡餅 《シャーピン》

小麦粉生地に具材を包んで焼いたもの。お焼きっぽい。

小籠包

汁を吸ってから黒酢をつけて食べるのが好き。火傷が怖いので執拗に冷ます。

中国はだいたい水餃子

餃子

上海の路地裏でふらっと入った店がおいしかったけど、多分二度と辿り着けない。

刀削麺

麺色々

刀削麺と炸醤《ジャージャン》麺が好き。その他麺の種類も調理法も多すぎて試し切れず。

落花生の餡入りがおいしかった

湯圓 《タンユェン》

もち粉の茹で団子に、黒ごま、肉など色んな種類の餡が入っている。

味付けはしっかり中華

ケバブ

という名で売られていた肉入りサンドイッチ。

煎餅餜子の「餜子」はもともとコレのことなんだとか

油条 《ヨウティヤオ》

細長い揚げパン。フワッとした食感と油の風味がじゅんわりおいしい。

船の朝食で毎回出てくるお馴染みたち

饅頭 《マントゥ》

肉まんの皮だけ丸めて蒸した感じ。

花巻 《ホアジュアン》

饅頭の可愛いやつ。

さらに可愛いやつ。可愛すぎて買えず、中身は知らない。

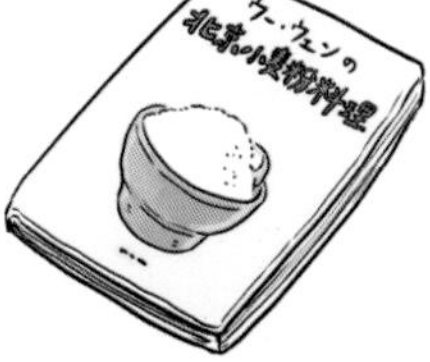
ウー・ウェンの北京小麦粉料理

『ウー・ウェンの北京小麦粉料理』

10年以上前にこの本を読んで以来、中国の粉もの料理には強い憧れがあった。未食の粉もの料理が沢山！

世界思い出旅ごはん 16食目 ハンガリー

パプリカ大好き！ハンガリーの

グヤーシュ

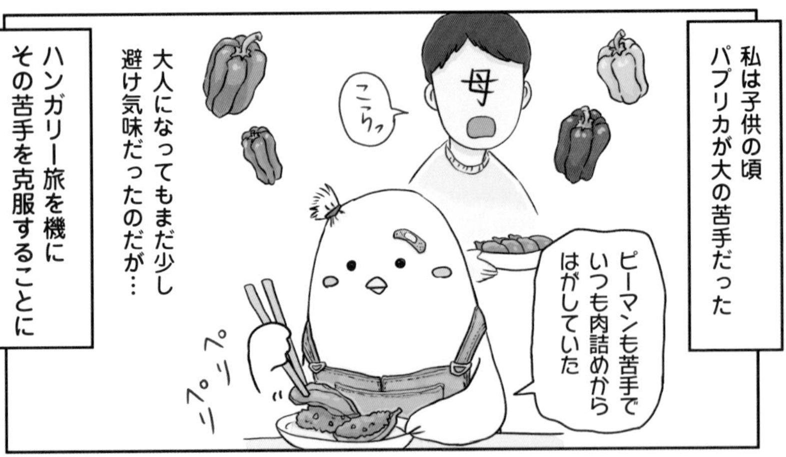
私は子供の頃
パプリカが大の苦手だった
ピーマンも苦手で
いつも肉詰めから
はがしていた
母
こらっ
ペリ
ペリ
大人になってもまだ少し
避け気味だったのだが…
ハンガリー旅を機に
その苦手を克服することに

ハンガリーの人たちは
パプリカが大好きなのだそうで
市場などでカラフルな山を
よく見かけた
パプリカ
パウダー
パプリカ
ペースト
パプリカを使った伝統料理は多いし
食材としてもスパイスとしても
広く親しまれているようだ
そんなハンガリー料理の
代表格といえば
こちらのグヤーシュ
パプリカたっぷり
ビーフシチュー
（またはスープ）
という感じ
パプリカが苦手な私は
もしかしたら
食べにくいかもと
思いつつ…
ドキドキ
挑んで
みると…
パク…
あれ⁉
おいしい‼
パクパク
モグーッ‼
予想外のおいしさに
驚いてしまい
私はその日から
すっかり
パプリカ好きだ
ピーマンも
ついでに克服
しました

ハンガリー
パプリカまみれの旅ごはん

DATA

国名 ハンガリー
面積 約9万3000km²
人口 約960万人（2022年）
首都 ブダペスト
言語 ハンガリー語

パプリカが好きすぎる国ハンガリー

ハンガリーといえばパプリカ料理というのは聞いていましたが、想像以上に街にあふれていて驚きました。私がハンガリーを訪れたのは初夏の頃で、ちょうどパプリカの旬だったのも一因だと思います。問題は、入国当時の私がパプリカを苦手としていたことです。絶対食べられないというほどではないですが、やはり少々避け気味で……とんでもねえ国に来てしまったと思いました。

ブダペスト中央市場。ぎっしり並ぶ商品棚が楽しく、よく見るとパプリカ製品も多数交ざっている。市場やスーパーの他、駅内外にパプリカ売りの人がいたり、手提げ袋一杯のパプリカを買い込んでいる人なども。

市場で売られていたパプリカと沢山の野菜。

でも結果はパプリカの大勝利です。スペインでも魚介とトマトへの苦手意識を治してもらいましたし、苦手なものの本場に飛び込んでみるというのは、なかなかいい方法なのかもしれません。

ある日の遊び in ブダペスト

ブダペストには観光客向けの便利カードがあるので
博物館など割引
72h
BUDAPEST CARD
市内公共交通乗り放題
これを使って遊ぶ
❶目についたトラムに乗る
ヤハーイ!
❷適当な停留所で降り適当なトラムに乗り換える
ヒャホーイ!!
❸日が暮れるまで繰り返す
ドワッホーイ!!
完

どこに連れていかれるか分からなくて最高に楽しいです。

旅中ハマったパプリカ料理

旅中はたまに宿のキッチンを借りて自炊しますが、ハンガリー旅後にしばらくハマっていたのがこちらの料理です。

❶玉ねぎ、ツナ、米を軽く炒める
❷パプリカに詰める
❸オリーブオイルたっぷりのコンソメスープで煮る
パプリカの中にもスープ入れる
完成!
サラサラのリゾットみたいでおいしい!
オリーブオイルたっぷりが決め手

参考にしたパプリカ料理

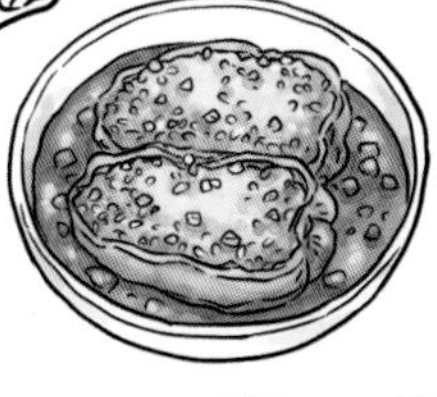

トルトット・パプリカ

ハンガリー料理のパプリカの肉詰め。トマト風味で米も入っており、食べ応え抜群。

その他のパプリカ料理

パプリカーシュ・チルケ

鶏肉のパプリカ&サワークリーム煮込み。

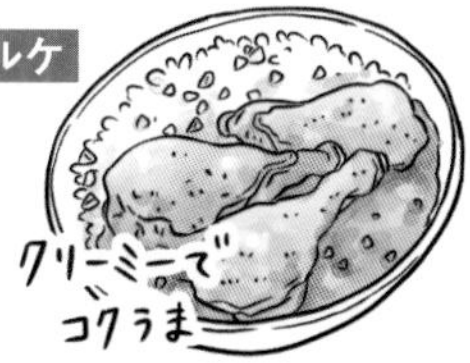
クリーミーでコクうま

煮物のような
シチューのような

パプリカーシュ・クルンプリ

じゃがいもとソーセージのパプリカ煮込み。

世界思い出旅ごはん 17食目 トルコ

食べすぎで大ダメージ!?
トルコでハマった

唐辛子のトゥルシュ

Biberiye Turşusu

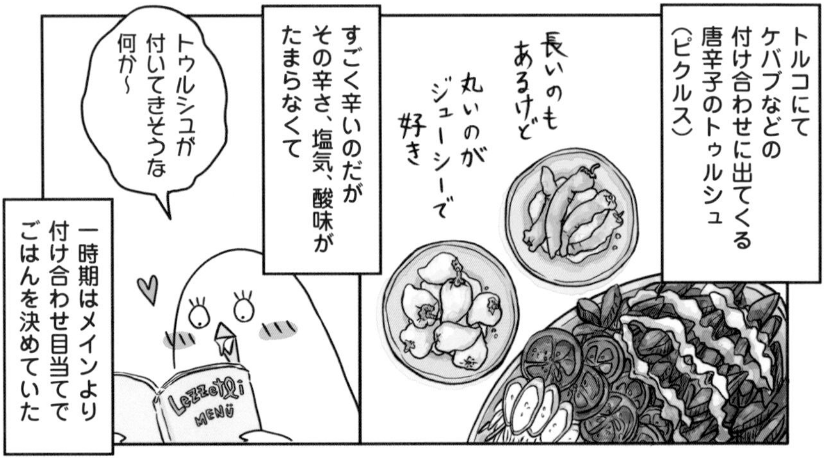
トルコにて ケバブなどの 付け合わせに出てくる 唐辛子のトゥルシュ (ピクルス)
長いのも あるけど
丸いのが ジューシーで 好き
すごく辛いのだが その辛さ、塩気、酸味が たまらなくて
トゥルシュが 付いてきそうな 何か〜
一時期はメインより 付け合わせ目当てで ごはんを決めていた
Lezzetli MENÜ

そのうちレストランで食べるだけでは満足できず瓶ごと買うように
トゥルシュ
ハム
パン
よせばいいのに一気に一瓶平らげたりして…
キリキリキリ
案の定胃腸に大ダメージを負った思い出がある
帰国後しばらくしたらまた食べたくなり手作りしてみたのだが…
❶煮沸消毒した瓶に生の青唐辛子を詰め
❷塩と米酢を入れ
❸もう一度煮沸して冷蔵庫へ
…入れたまま2年ほど忘れた
いやのんびり待ってるうちに…
記憶がこう…
先日意を決してこれを開け恐る恐る食べてみたのだが…
おいし〜い!!
アッでも辛い…!!
大変おいしく漬かっていた

世界思い出旅ごはん

南アジア

盛り合わせ

南アジアのやみつきピクルス

アチャール

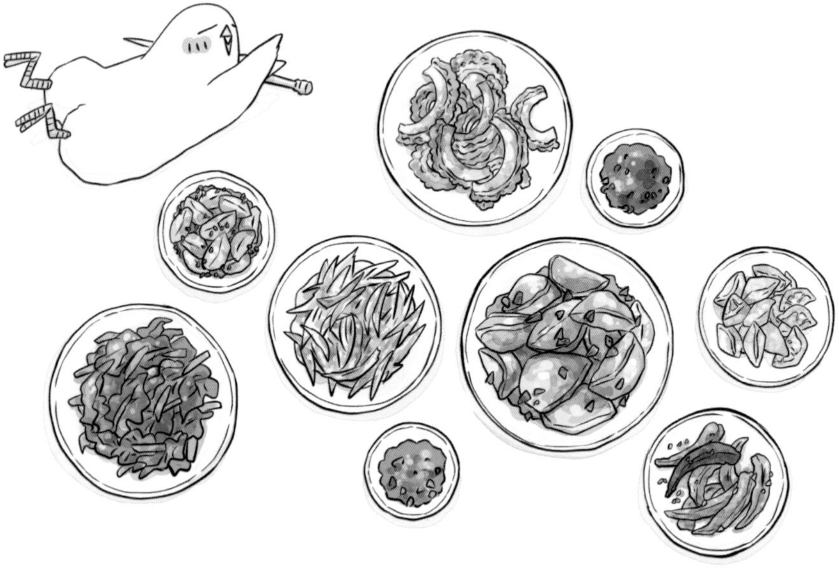

インドやネパールなど
カレーがおいしい国々の
名脇役「アチャール」
ピクルスのようなもので
そのまま食べてもおいしいし
カレーの味変に
絶大な効果を発揮する
薬味ポジションでもある
マンゴーアチャール
唐辛子アチャール
にんじんアチャール
その他種類いろいろ

スパイスたっぷりなので
材料集めが大変だが…
ガーリック アチャールを 作ってみよう
ターメリック
チリペッパー
クミンシード
マスタードシード
フェネグリーク
このへんは 揃うかな
あーあの ツブツブの
へー 初めて 聞くなあ
Nepalese
勉強しながら 頑張ってみた
フェネグリーク 苦い…!!
ちょっとに しとこう
幸い 工程は難しくなく
油たっぷりで にんにくを 炒めて
スパイス 塩 レモン汁 を加え
少し煮込んだら
後は何日か 寝かせるだけ
でき上がった アチャールは とてもおいしかった
色んな スパイスが 利き合ってる!!
アチャールの作り方は 食材や用途 地域によって かなり多岐にわたるそう
今回のように スパイスと共に 炒めたり
生野菜を タレに漬けたり
干し野菜と スパイスを 和えて 瓶詰めし
お日様の下で 何週もかけて 発酵させたり
スパイスも奥深ければ アチャールも奥深く ハマったら抜け出せなく なりそうだ
凝り性 ↓

トルコの付け合わせ

DATA

黒海
トルコ
シリア
イラク

国名 トルコ共和国
面積 約78万㎢
人口 約8528万人（2022年）
首都 アンカラ
言語 トルコ語

世界３大料理の雄！ 全てがおいしいトルコ飯

トルコには１カ月ほど滞在しましたが、ラマダン（断食月）と丸かぶりしたために、始終おなかを鳴らしていた記憶があります。旅行者は断食を免除されているので食べてもよかったものの、周りの人々が我慢している中、自分だけ食べるのはなんだか申し訳なかったのです。そんな中、隙をついて体験したトルコごはんはどれもべらぼうにおいしくて、世界３大料理の名は伊達じゃないことを知りました。トゥルシュもその中の一つです。胃腸を痛めようが尻から火を噴こうがその魅力には逆らえず、とにかくひたすら食べ続けました。

トゥルシュにハマったきっかけ

ココレッチ

塩気の利いた焼きホルモンのサンドイッチ。これに唐辛子のトゥルシュが付いてきたのが全ての始まりだった。

エキメッキ

トルコパンの総称。中でもバゲットがとにかくおいしく、もちろんトゥルシュにも合う。

トゥルシュを何かに付け合わせる

食パンをこんがり焼いて、炒めたコンビーフと唐辛子のトゥルシュをのせるとおいしい。

他にもカレーに添えたり

焼肉にのせたりして食べるのが好き。

唐辛子のトゥルシュを作るならハラペーニョがおすすめ

ハラペーニョは辛さが比較的マイルドなのでいい感じに仕上がる

色んなトゥルシュ

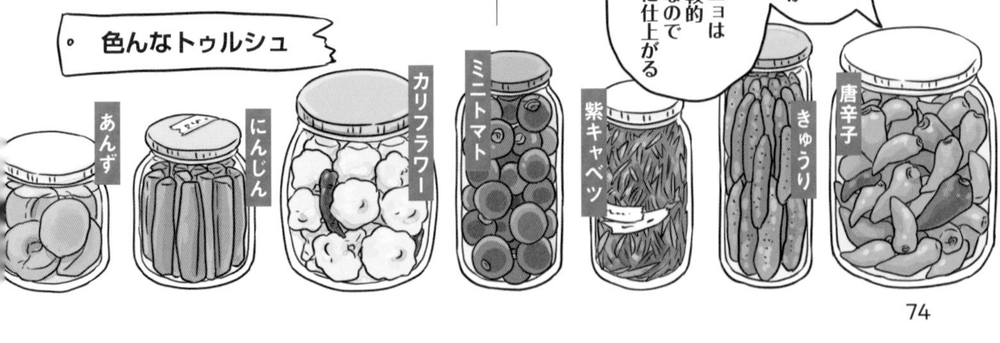

あんず
にんじん
カリフラワー
ミニトマト
紫キャベツ
きゅうり
唐辛子

南アジア
の
付け合わせ

お土産・手作り……色んなアチャール

アチャールに出会ったのはインド旅の初期の頃。青マンゴーを漬けたマンゴーアチャールが私の初アチャール体験でした。梅干しによく似た強い酸味は、脳がビビッとなるくらい衝撃的なおいしさで、入国１カ月くらいで早くもカレーに飽きていた私は、一瞬で虜になりました。一番好きなアチャールがこれなのですが……日本では青マンゴーはなかなか見かけないし、スパイスの調合もややこしいので、手作りは諦めてお土産に買って帰りました。ガーリックアチャールは簡単なので、ときどき作っています。

アチャールを何かに付け合わせる

ガーリックアチャールと豚バラ、野菜を一緒に炒めるとおいしい。

どのアチャールもカレーに合うし

茹で卵にのせてもおいしい。

アチャールにハマったきっかけ

宿の夕飯に付いてきた

スパイシーなカレーに酸味が加わり新しい味に。「これ何ですか!?」と聞いた瞬間からアチャールライフが始まった。

パラータ

朝食によく食べたパラータにもマンゴーアチャールが付いてきた。こちらも相性抜群!!

バターオイルたっぷりの薄焼きパン

色んなアチャール
マンゴー
唐辛子
ゴーヤー
グンドゥルック
青菜を発酵・乾燥させたもの
ガーリック
オニオン
レモン

世界思い出旅ごはん 18食目 タイ

現地で食べ比べ！
話題のタイグルメ

マッサマンカレー

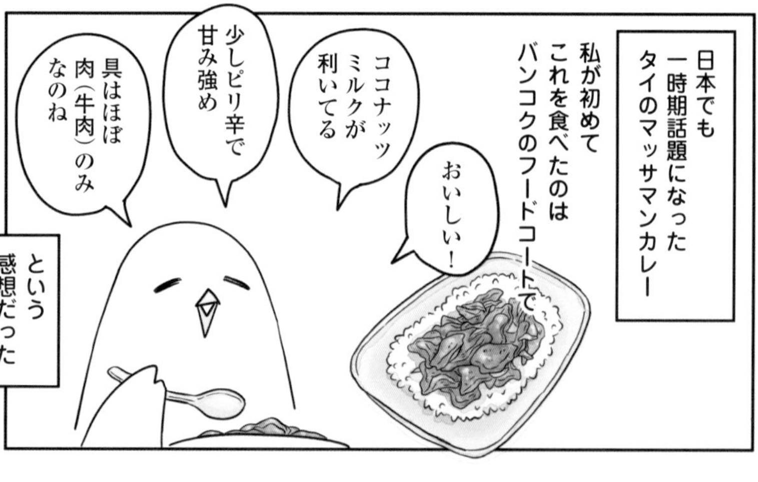

日本でも一時期話題になったタイのマッサマンカレー
私が初めてこれを食べたのはバンコクのフードコートで
おいしい！
ココナッツミルクが利いてる
少しピリ辛で甘み強め
具はほぼ肉（牛肉）のみなのね
という感想だった

実は この日まで
マッサマンカレーの情報を
極力遮断してきた私
見ざる!!
聞かざる!!
食わざる!!
マッサマン!!
ヒャハー!!
マッサマン!!
一口目までワクワクを
取っておくため
だったのだが…
皆が言ってる
マッサマンカレー
ってこれで
合ってるかな?
ちょっと不安になった
というわけで
ここで情報検索を解禁し
その後別のレストランへ
そこで食べた
マッサマンカレーは
ココナッツ
ミルクたっぷりで
濃厚!!
甘みが強く
まったりした
ルー!!
スパイスの
複雑な
風味!!
牛肉
たっぷり!!
(主流はチキンだそう)
じゃがいもと
ピーナッツが
沢山!!
これは
調べた情報に
かなり近いのでは!?
すごく
おいしい!!
結果は大満足だった
すっかり夢中になり 後日
また別の店で頼んでみたら…
ナッツ類
入ってない
ココナッツ
ミルク薄い
野菜が
生煮え
……
マッサマンカレー
ってなんなの!?
最後は何も
分からなくなった

タイ

夏とビールと旅ごはん

DATA

国名 タイ王国
面積 約51万4000㎢
人口 約6609万人（2022年）
首都 バンコク
言語 タイ語

タイのグルメ&ビール!!

タイは一度しっかり旅したあと、他の国への経由地として何度も立ち寄りました。そしてその度に楽しみ尽くすのがタイグルメです。人気料理のパッタイは何度食べても飽きないし、ヌードルスープのコクと旨みには毎度度肝を抜かれるし、魚介の激辛タイサラダは脳がしびれるおいしさだし、そしてビールがおいしいし!!

常夏の国タイで飲むビールは最高で、私はこれを全力で楽しむためタイ入り前は必ず禁酒する構えです。

タイビール飲み比べ……のつもりが一本シンガポールビールが交ざっていたようだ（一番左）。

毎回食べるタイグルメ

タイカレー

マッサマンはタイ中南部発祥のカレーのためか、北部では見つけづらかった。

パッタイ

米粉麺を炒めた料理。砂糖やライム、砕いたピーナッツで甘酸っぱいおいしさ。

ヌードルスープ

透明スープに多様な具と麺。米粉麺に魚の団子をのせたやつが好き。

激辛タイサラダ

辛さ控えめで頼んでも毎回激辛。牡蠣のやつが好き。ビールのつまみに最高！

世界一周の一歩目に、旅人が集う街バンコク

タイのバンコクは、ここを経由する安価なフライトが多いことと、旅に必要なものが全部揃うことから、この街を世界一周の一歩目にする長期旅人が少なくないそうです。これを教えてくれたのは、以前旅先で出会った日本人女性。その人は「旅がしたくなったらまずバンコクへ行く。先のことはそれから考える」と言っていました。7キロほどの小さなリュックで飛び回り、全てが何でもないかのようにケラケラ笑うその人の姿は、今でも憧れであり目標です。

タイのコンビニが楽しい

タイにはセブン-イレブンが沢山あります。タイグルメや知らないお菓子が沢山あって楽しいので、旅中何日かはコンビニごはんで満足してしまいます。

魚卵おにぎり

なんか甘いけど好き。

ガパオ
挽肉のバジル炒め

カップ麺

ガパオ味が好き。

タイミルクティー

味も甘みも色も濃い。一時期どハマりして毎日飲んでいた。

お菓子色々

タイ限定味がお土産に人気。

POTATO

タイ風スープの素

鶏出汁、豚出汁、魚介出汁など色んな味があり、手軽にタイ風スープが作れるので毎回買って帰る。

王室印の蜂蜜

タイ王室が生産に携わっている蜂蜜。風味がとても良く、これだけで食べてもおいしい。

先日試しに1本だけ買ってみた
もっと買えばよかった

タイのコンビニ入口はよく半ノラが陣取っている。変にちょっかいを出さなければ、おとなしいし怖くない。

それはそれとしておいしいよ

2011年
CNN(※)が発表した「世界うまい飯ランキング」にて
ザワ　ザワ
ランキングNo.1 話題のグルメ マッサマンカレー
なにそれ?
なにそれ?
無名のそれが突如1位に躍り出て世界をざわつかせる
※ アメリカのニュースチャンネル
その後 日本でも話題になり
マッサマンカレー
マッサマンカレー
マッサマンカレー
レトルト
関連商品が次々発売される
2015年
頑なに情報を遮断してきた私
ファ〜!!
現地にてついにマッサマンカレー実食!!
帰国後
マッサマンカレーって知ってる?
知ってる
出遅れ感は否めない

世界で出会った 夏の飲み物

例年
海の日の頃になると
景色も気温もすっかり
夏らしくなったなと感じる
さあ今年もこの暑さを
乗り切ろうということで
世界で出会った
夏の飲み物を
語ります

東南アジアで
お世話になったのは
フレッシュ
フルーツジュース
旅中はビタミン不足を
感じることが多いので
その点も助かっていた
スペインで出会い
ハマってしまった
バージンモヒート
人気カクテル
「モヒート」
（キューバ発祥）の
ノンアルコール版
私が
飲んだのは
生ミント
水
ライム
砂糖
を豪快に
ミキサーに
かけたもの
ミントを軽く潰し
炭酸水で割る
作り方がメジャー
ロシアや東欧
モンゴルなどで人気の
クワス
麦芽や酵母
などから作る
発酵飲料で
味は黒ビールに
少し似ている
KBAC
微糖
微炭酸
微アルコール
インドで飲んで衝撃を受けた
マサラソーダ
日本で作るなら
ガラムマサラ
一、二振り
レモン汁少々
塩少々
と炭酸水を混ぜると
近い感じになる
!?
是非作って
飲んでみて
欲しい
そして衝撃を
受けて欲しい
…なんて
色々紹介してみたけれど
夏といったらやっぱり
風呂上がりの
ビール!!
キンキンに
冷えたやつ!!
そして
ピリ辛の
おつまみ
と思う私
毎年 暑さには堪えつつ
これがあるから夏は大好きだ

パラグアイのひんやりお茶休憩

チパとテレレ

私は以前南米で自転車旅をしたことがあって道沿いの軽食屋や木陰でとるおやつ休憩が大好きだった
特に思い出に残っているのがこちらの
チパ
と
テレレ
パラグアイの代表的なおやつセットだ

チパはチーズパン
タピオカ粉
卵
牛乳
塩
油かバター
パラグアイチーズ
モッツァレラに似ている
を混ぜてオーブンで焼いたもので
表面は硬めのしっかり食感
噛むとモチモチ良い歯ごたえ！
チーズの風味も利いていて良い感じに食べ応えがある
テレレは冷やしたマテ茶
マテ茶
南米で広く飲まれているお茶
茶葉と冷水を直接コップに入れて 専用のストローで飲む
穴あきストロー
砂糖を入れてもいい
お好みでレモンやミントも
苦みがなんだか癖になる！
このお茶自体がビタミン豊富だし薬草やハーブを入れてお薬代わりに飲む習慣もあるそう
チパもテレレもどこにでも売っていて休憩中によく買わせてもらっていた
チパ入りの大きなカゴを頭にのせる売り子さんたちはパワフルで格好良いし
チパはおいしいしテレレの冷たさも最高だしで
さあ もうひとっ走り!!
休憩後はまた元気モリモリで走りだすのだった

パラグアイ
のんびり休憩と旅ごはん

DATA

- **国名** パラグアイ共和国
- **面積** 約40万6752㎢
- **人口** 約678万人（2022年）
- **首都** アスンシオン
- **言語** スペイン語、グアラニー語（ともに公用語）

移住先候補の国パラグアイ

パラグアイは大好きな国で、そのうち移住したいとすら思っています。好きな理由は赤土の大地が美しかったこと、牛肉が安くておいしいこと、大豆の生産量やら超巨大地下水脈やら、実はとんでもない底力があること、日系移民の方が多く住み、日本食材も手に入りやすいことなどです。自転車で走ったデコボコ道の振動と、大地の赤と空の青。毎日浴びた土煙の匂いすらも懐かしくて、ずっとあの日々に恋焦がれています。

赤土の大地。ここでおいしい大豆が育っていく。

トランキーロな人生を

南米で広く話されているスペイン語。スペイン語にはトランキーロという言葉があって、「焦らないで」とか「のんびりいこう」みたいなニュアンスで使われていました。当時割とせっかちだった私は、よく「トランキーロだよ～まあテレレでも飲んで」と引き留めてもらい、半強制のゆっくりタイムを過ごしていました。それもそのうち慣れていき、自ら進んでトランキーロな時間を作れるように。私の旅のスタイルや日々の過ごし方は、南米を境に大きく変わったように思います。

マテは南米南部の国々
でよく頂いた。
テレレはパラグアイの人
が好む飲み方で、他の国
ではあまり見なかった。

毎日に欠かせないマテとテレレ

マテの茶葉は葉っぱだけでなく茎部分も入っている。1回につき結構な量の茶葉を入れるので、葉の青い香りと苦みが強め。

専用ストローは結構
茶葉を吸い込む。
ンペペッ
そしたら諦めて
茶葉ごと食べる。
お湯や水を足して
何杯も飲める。

イェルバ・マテの葉

水筒やカップ
ストローなどが
一式入ってる

マテ&テレレグッズ

木製
牛のツノ製

テルモ

ポット。カップ付きテルモやマテセットみたいなのを下げている人をよく見かけた。

ボンビージャ

先端に茶葉よけの穴が空いたストロー。取り外して中も洗える。

グアンパ

マテやテレレ用のカップ。

おなかが痛くて…
とか言うと
良い感じの薬草を選んで
すり潰してくれる
それをテレレに
入れて飲むと…
元気!!

薬局代わりの道端薬草売り

パラグアイの幹線道路沿いでよくこんな感じの露天商を見かけた。妙にミステリアスに見えて近寄りがたかったが、どうやら薬草売りの人だったようだ。

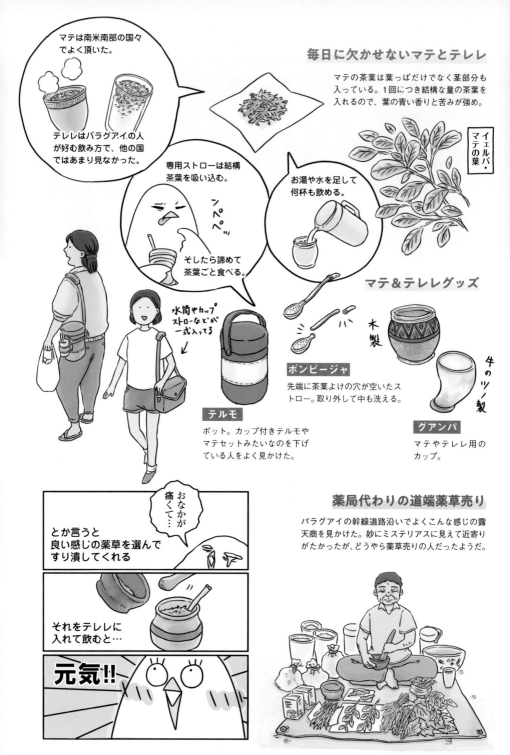

世界思い出旅ごはん 20 食目 チリ

イースター島の島ごはん

チリ遠洋
モアイの島で
何食べる？

DATA

ボリビア
チリ
イースター島
アルゼンチン

国名 チリ共和国
面積 約75万6000㎢
人口 約1949万人（2021年）
首都 サンティアゴ
言語 スペイン語

イースター島
南米 チリにある
モアイ像で有名な島
太平洋上に
ポツンと存在するこの島は
まさに絶海の孤島だ

そんな立地なので
当然ながら物価は高め
お水高い…
水道水飲もかな
やめときなさい
旅仲間
孤島とはいえ
立派な観光地なので
レストランも沢山あるが
セビーチェ
魚介のマリネ
マグロのステーキ
ツナ入りエンパナーダ
具沢山のペイストリー
和食屋もある
金欠旅行者の私は宿のキッチンで
自炊・節約することが多かった
島には小さなスーパーがある他
朝市には獲れたての魚介や
生野菜も並んでいる
魚介はその日獲れたものだけなので種類は多くない
マグロが評判らしいけどこの日は残念ながらなし…
知ってる魚や
知らない野菜を買って帰り
旅仲間達と夕飯を作るのは
楽しい体験だった
鯛のおさしみ
知らない青菜の煮浸し
醤油など調味料は持参
鯛のお吸い物
イースター島は
かつては立派な木々が生い茂る
豊かな島だったそうだが
長い歴史の中でその土地は
ずいぶん痩せてしまった
荒れた大地とそこに
残されたモアイ像の姿には
切なさを覚えるが…
人智のゴリ押しにより
再び人と物にあふれた
現在の光景には
モアイ像も驚愕
していそうだなと思う

食に対する意識の変化

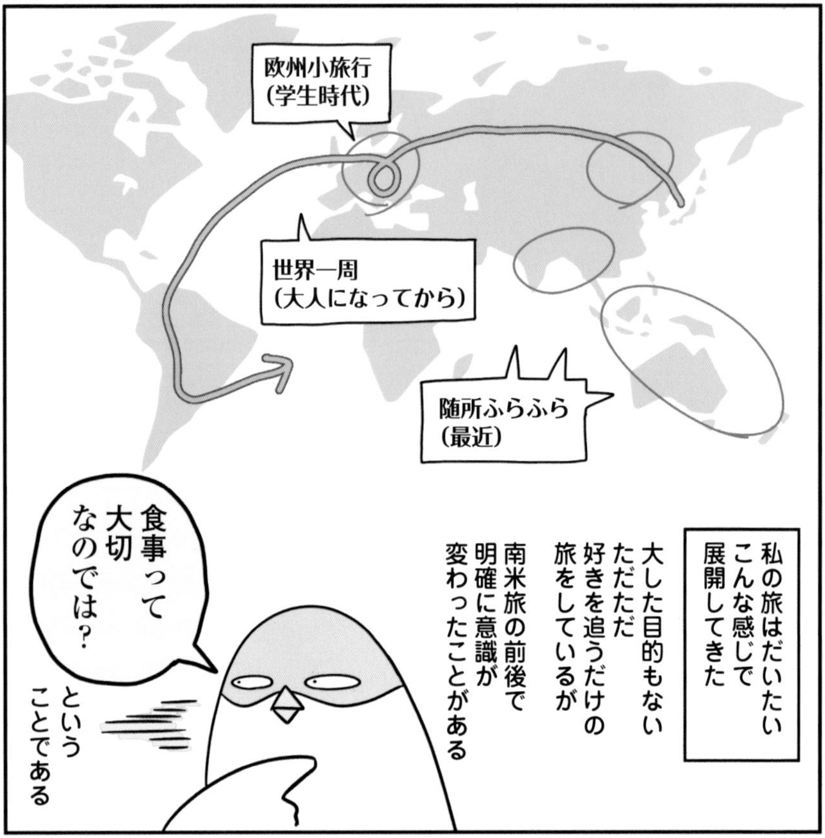
欧州小旅行（学生時代）
世界一周（大人になってから）
随所ふらふら（最近）
私の旅はだいたいこんな感じで展開してきた
大した目的もないただただ好きを追うだけの旅をしているが
南米旅の前後で明確に意識が変わったことがある
食事って大切なのでは？
ということである

というのも
南米ではアウトドア中に補給ミスで行き倒れたり
ファームステイで食の生産に触れたり
メルカドで生きた食材と知り合ったり
小さな経験同士がいい感じに混ざり合った結果
「生」と「食」を直結して考えるようになったのだ

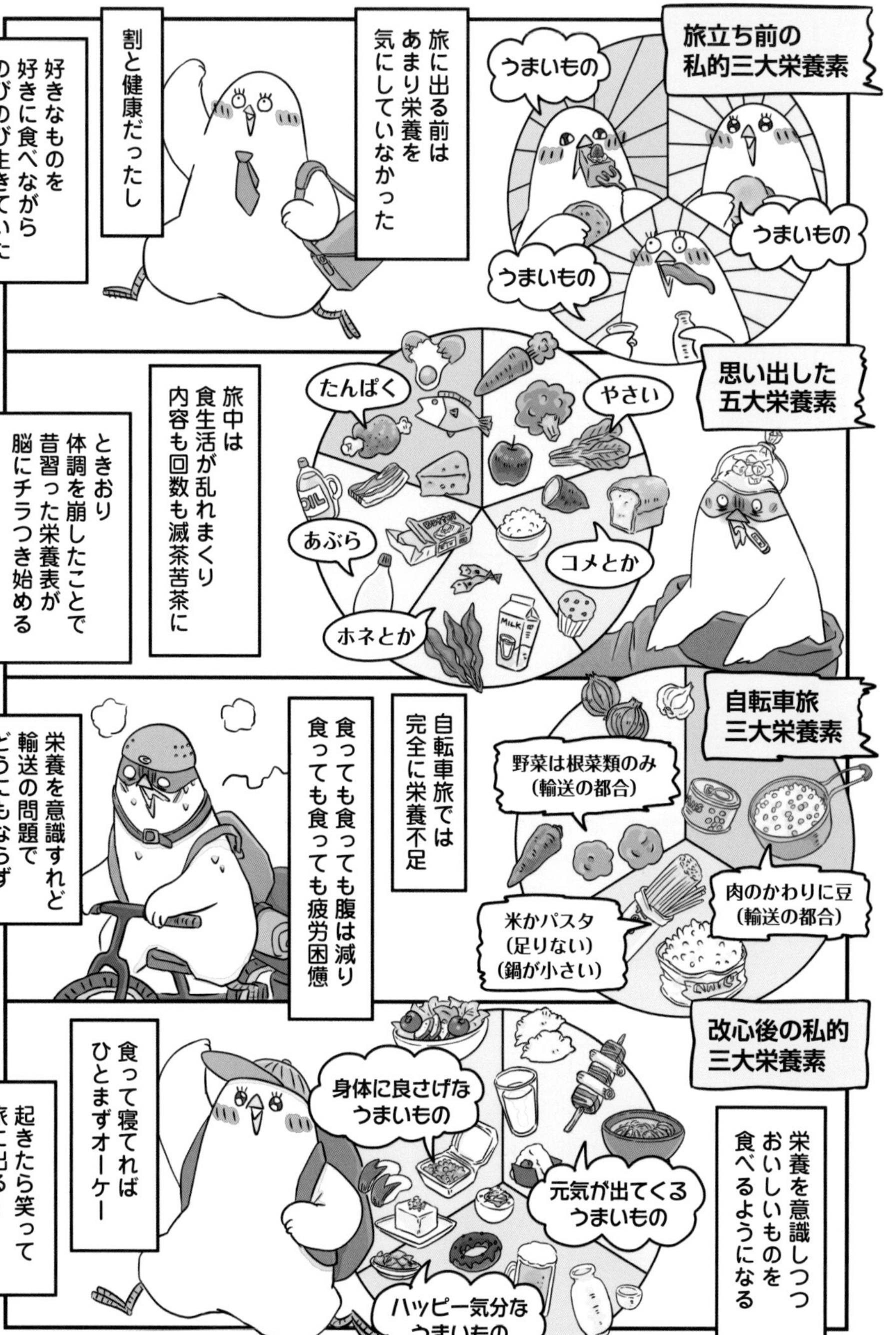
旅立ち前の私的三大栄養素
うまいもの
うまいもの
うまいもの
旅に出る前は あまり栄養を 気にしていなかった
割と健康だったし
好きなものを 好きに食べながら のびのび生きていた
思い出した五大栄養素
やさい
コメとか
ホネとか
あぶら
たんぱく
旅中は 食生活が乱れまくり 内容も回数も滅茶苦茶に
ときおり 体調を崩したことで 昔習った栄養表が 脳にチラつき始める
自転車旅三大栄養素
野菜は根菜類のみ (輸送の都合)
肉のかわりに豆 (輸送の都合)
米かパスタ (足りない) (鍋が小さい)
自転車旅では 完全に栄養不足
食っても食っても腹は減り 食っても食っても疲労困憊
栄養を意識すれど 輸送の問題で どうにもならず
改心後の私的三大栄養素
栄養を意識しつつ おいしいものを 食べるようになる
元気が出てくる うまいもの
身体に良さげな うまいもの
ハッピー気分な うまいもの
食って寝てれば ひとまずオーケー
起きたら笑って 旅に出る!

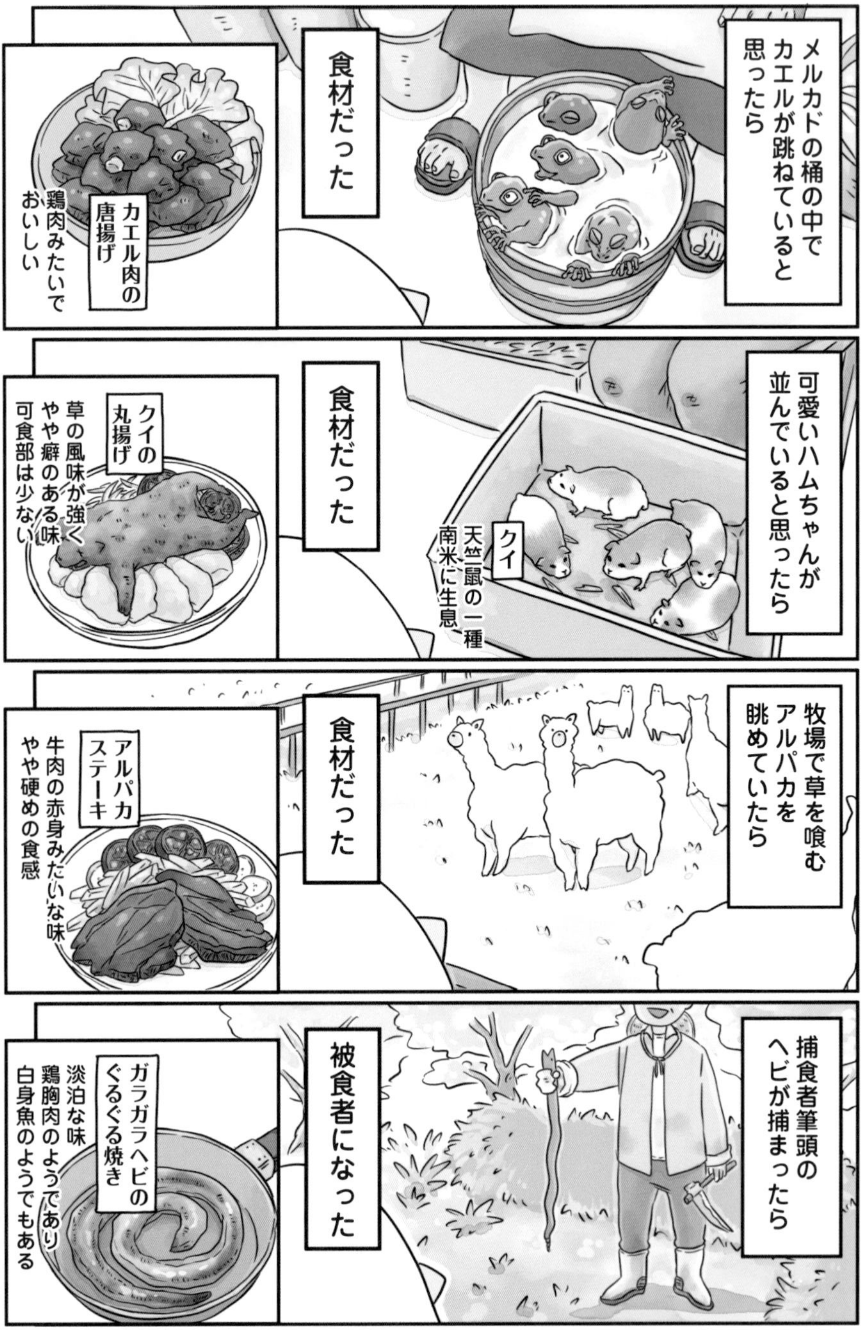
メルカドの桶の中で
カエルが跳ねていると
思ったら
食材だった
カエル肉の
唐揚げ
鶏肉みたいで
おいしい
可愛いハムちゃんが
並んでいると思ったら
クイ
天竺鼠の一種
南米に生息
食材だった
クイの
丸揚げ
草の風味が強く
やや癖のある味
可食部は少ない
牧場で草を喰む
アルパカを
眺めていたら
食材だった
アルパカ
ステーキ
牛肉の赤身みたいな味
やや硬めの食感
捕食者筆頭の
ヘビが捕まったら
被食者になった
ガラガラヘビの
ぐるぐる焼き
淡泊な味
鶏胸肉のようであり
白身魚のようでもある

南米ブラジルでは半年ほど農家に滞在し
日系移民の農家さん
どっせい!!
微力ながら食物生産に関わって過ごした
苗から見守った子が根を伸ばし葉を広げ
おいしい作物になっていく喜び
かわいい~
いい子~
ココナッツの硬い殻を破って出てくる小さな緑だとか
接ぎ木した枝が新しい場所に馴染み生きていく様子とか
取り尽くしたつもりの果実が数日後また同じだけ実る逞しさとか
生まれ生きようとする全てのものが愛おしかった
…というのは南米体験から得た価値観だと思っていたが
可愛いねぇ
立派に育っていい子だねぇ
南米を経由していない母が全く同じことを言っていたので
あ、コレただの血筋だわ
と理解した

世界思い出旅ごはん 21食目 イギリス

イギリス・ロンドンで
憧れの朝ごはん体験

イングリッシュ・ブレックファスト

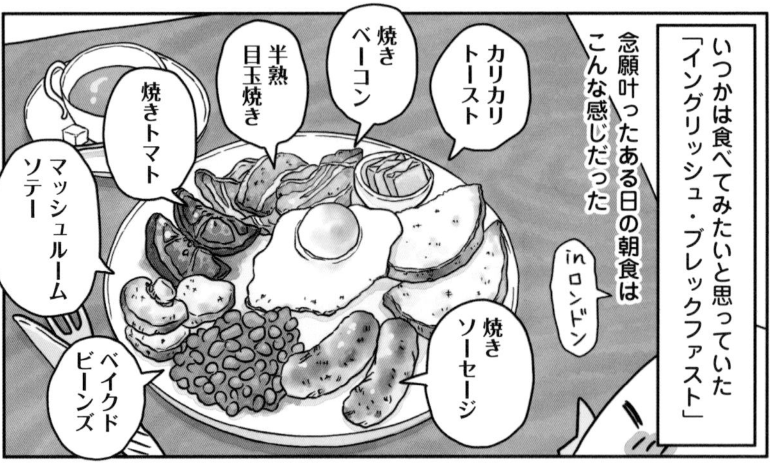

いつかは食べてみたいと思っていた「イングリッシュ・ブレックファスト」
念願叶ったある日の朝食はこんな感じだった
inロンドン
カリカリトースト
焼きベーコン
半熟目玉焼き
焼きトマト
マッシュルームソテー
焼きソーセージ
ベイクドビーンズ

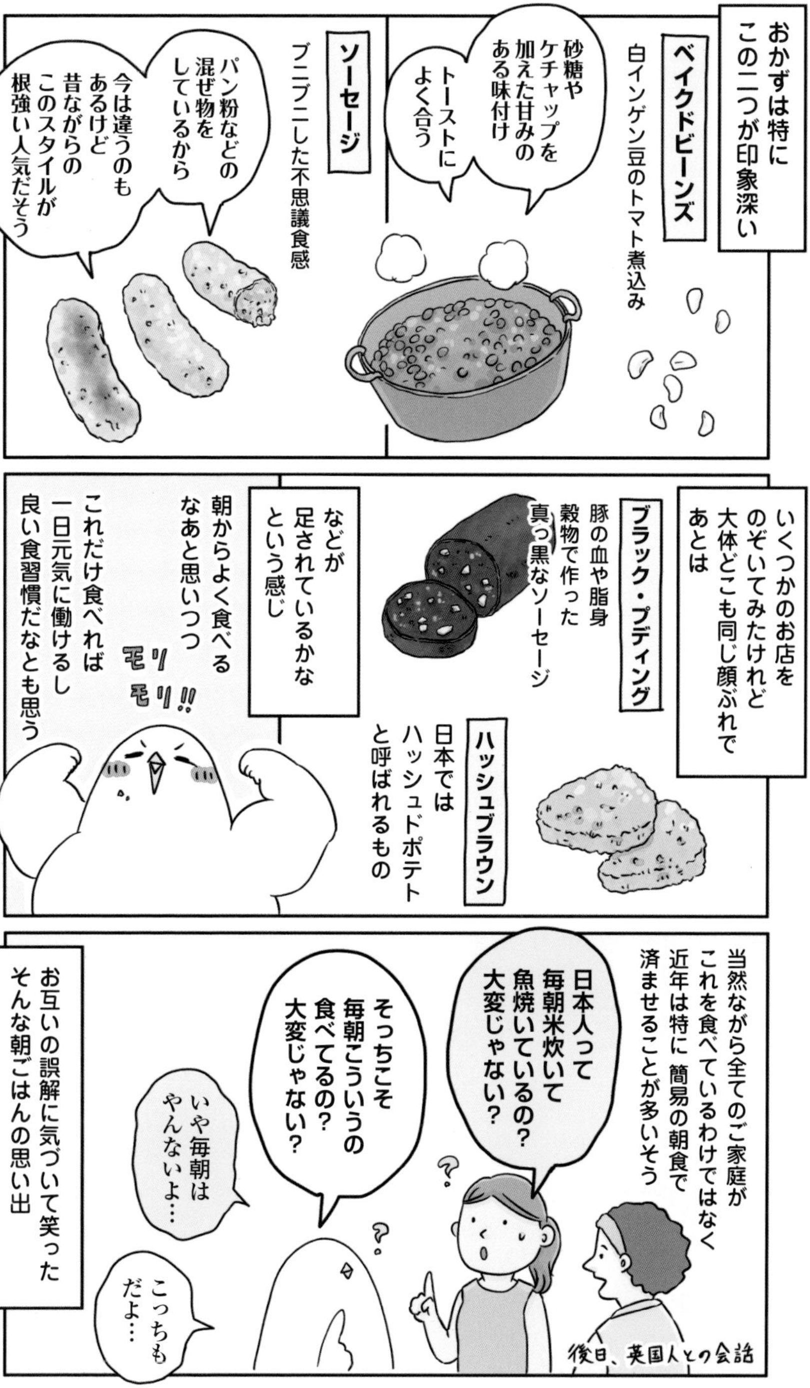
おかずは特に
このニつが印象深い
ベイクドビーンズ
白インゲン豆のトマト煮込み
砂糖や ケチャップを 加えた甘みの ある味付け
トーストに よく合う
ソーセージ
ブニブニした不思議食感
パン粉などの 混ぜ物を しているから
今は違うのも あるけど 昔ながらの このスタイルが 根強い人気だそう
いくつかのお店を のぞいてみたけれど 大体どこも同じ顔ぶれで あとは
ブラック・プディング
豚の血や脂身 穀物で作った 真っ黒なソーセージ
ハッシュブラウン
日本では ハッシュドポテト と呼ばれるもの
などが 足されているかな という感じ
朝からよく食べる なあと思いつつ
これだけ食べれば 一日元気に働けるし 良い食習慣だなとも思う
モリ モリ!!
当然ながら全てのご家庭が これを食べているわけではなく 近年は特に 簡易の朝食で 済ませることが多いそう
日本人って 毎朝米炊いて 魚焼いているの? 大変じゃない?
そっちこそ 毎朝こういうの 食べてるの? 大変じゃない?
いや毎朝は やんないよ…
こっちも だよ…
後日、英国人との会話
お互いの誤解に気づいて笑った そんな朝ごはんの思い出

イギリス

パブで楽しむ旅ごはん

DATA

国名 英国（グレートブリテンおよび北アイルランド連合王国）
面積 約24万3000㎢
人口 約6708万人（2020年）
首都 ロンドン
言語 英語（ウェールズ語、ゲール語等使用地域あり）

ビールに紅茶、サンドイッチ

イギリス・ロンドンには姉と一緒に行きました。二人とも酒飲みなのをいいことに、昼間からパブに入ってエールをあおったり、イギリス料理に舌鼓を打ったり、優雅にアフタヌーンティーを楽しんだり。食べてみたかった料理を色々試せて、おなかいっぱいの旅となりました。

ロンドンは物価が高く、毎食パブに行っていてはもたないので、夜はスーパーで何かしら買ってホテルで食べることもありました。そうして買ったサンドイッチがとてもおいしかったことと、サンドイッチコーナーがやたらと充実していたことを覚えています。さすがサンドイッチ発祥の地といわれる国ですね。

ホテルで食べたサンドイッチとスープ缶。スープをどうやって温めたかは記憶にない。

風味色々。イギリスのビール

スタウト
黒ビール。香ばしい香りが特徴。

ラガー
のどごしが良くゴクゴクいきたいビール。日本で一般的なのがこれ。

エール
香り豊かで味わい深いビール。あまり冷やさずゆっくり飲む感じ。

カウンターに並ぶビールサーバー。好きな銘柄を選び、注いでもらう。

ロンドンのパブで朝食を

イングリッシュ・ブレックファストを食べたのはロンドン市内のパブ。一応酒場のくくりだが、午前中や昼ごろからやっており、食事も取れるのでレストラン気分でよく利用した。

謎多き日本の朝ごはん

毎朝じゃないにしても
?
米炊くのって大変だよね？朝からやるの？
この部分をやたらと聞かれるので何かと思ったら…
その子は
❶朝から米をウォッシュして
❷カマドに薪をくべ
❸火加減を見張りながらボイルする
薪!?
ジュー
というイメージでいたらしい
映画で見たの
いにしえの映画だよそれは…
今はさすがに電気やガスとは知っていたが
ジュー
こうでしょ
こうだよ
炊飯器には馴染みがなかったようで…
ライスをクックするマシーンがあって…
ウィーン
シャカシャカ
ジー
違う
変なイメージで上書きされた

実は○○だった イングリッシュ・ブレックファスト

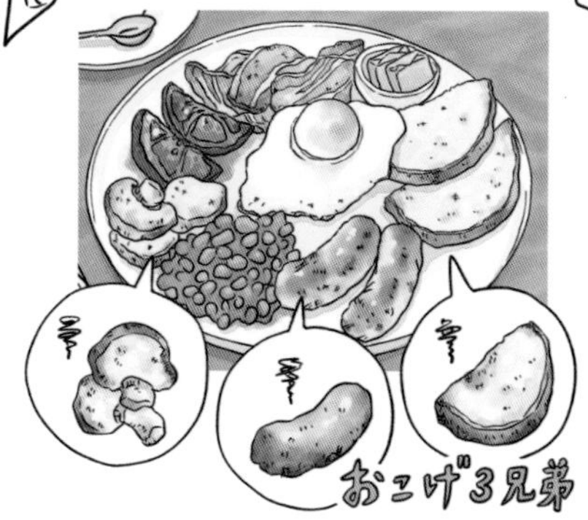
おこげ3兄弟

イギリス料理はちょいちょい悪口を言われがち。「そんなことないよ！」とかばいたいところだけど、この日食べたイングリッシュ・ブレックファストは実は一部がテヘへな仕上がりだった。

とびきりおいしい 紅茶とおやつ

イギリスで驚いたのが、紅茶とお菓子のおいしさだった。適当なカフェの素朴なセットが毎回とてもおいしいのだ。これらのお菓子とサンドイッチがたっぷりのっていると噂の例のアレをいつか食べてみたいが……。

例のアレ

一人旅や二人旅程度では、完食は厳しいかもしれない。

ボリビアの定番朝ごはん
ジューシーな包み焼き

サルテーニャ

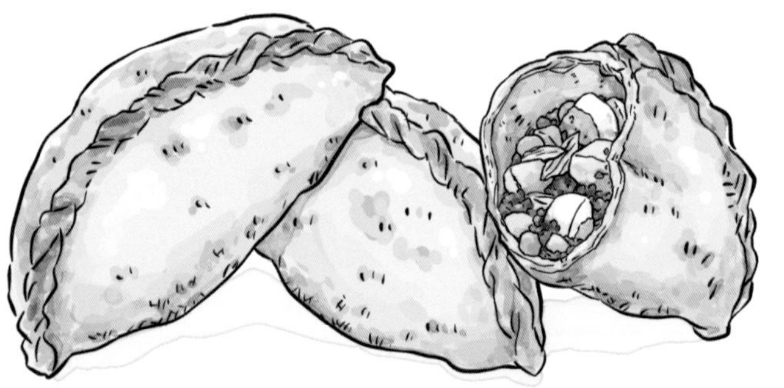

ボリビア入国時のことはとても思い出深い
その日私はペルーのとある観光地に到着して
Peru
Bolivia
夜行バス明けのターミナルで少し疲れを感じていて
ふと窓の外を見たら雨が降ってきて
ザァァァ…
宿探しやら何やらがひどく面倒くさく思えて
そしたらボリビア行きのバスがちょうど出るところだったので乗った

そんな感じで着いた
ボリビア！
空はよく晴れており
宿もあっさり決まり
ご機嫌そのもので町へ繰り出す
ヒャホーーイ!!
そこで出会えたのが
こちらのサルテーニャだった
サルテーニャとは
エンパナーダ（※）の一種で
こんな感じの食べ物
やや厚めの
サクサク生地
または
鶏肉
牛挽肉
じゃがいも
玉ねぎ
などの野菜
固茹で卵
豆とか
香辛料
濃いめの
甘辛味
具が
たっぷり！
肉汁が
ジューシーで
おいし〜い！

※スペイン発祥の具沢山のペイストリー、南米各国でも人気

サルテーニャの自慢は
この汁気なのだそうで
作り方にポイントがある
ゼラチンを
使って
汁気を固め
具材と
一緒に
生地の中に
閉じ込める
焼くと
ゼラチンが
溶けて
スープ状に！
私が食べたものも十分
ジューシーだったと思うけど
店によっては
さらに汁気たっぷりなので
スプーンを使って食べるんだとか
とても
おいしそうだけど
熱ウ!!
焼きたては
きっと要注意だ

ボリビア
年越しの思い出と旅ごはん

DATA

国名 ボリビア多民族国
面積 約110万㎢
人口 約1222万人（2022年）
首都 ラパス（憲法上の首都はスクレ）
言語 スペイン語およびケチュア語、アイマラ語を中心に先住民言語36言語

バスに揺られて隣国へ

南米は観光目的であれば無査証で滞在できる国が多く、ボリビアもそんな感じだったのでフラリと入国できてしまいました(※)。言語も同じスペイン語ですし、国をまたぐ移動であってもどこか安心感があります。……という油断を利用して一度「最初に来たバスに乗ってみよう！ どこまで連れていかれるの!? 国またぎチキンレース～!!」みたいなのをやろうとしたのですが、バスターミナルまで来たところで正気に戻ってやめました。

※当然ながら入国審査はちゃんとある

再現が難しいボリビア旅ごはん

ボリビアを旅したのはちょうど年末年始の頃だったので、クリスマスに山に登ったり、ワインとムール貝の缶詰でしっとり年越ししたり、年明けには有名なウユニ塩湖を見に行ったり、一つ一つの行程が妙に順序よく思い出されます。そのときどきで食べたものは何気なくても、目の前にある景色や空気が加わるとなんだか特別な味に。帰国後同じものを作ろうとしても完全再現が難しいのは、そういう理由もあるかもしれません。

ボリビアの首都ラパス。

クリスマス&年越しごはん in ボリビア

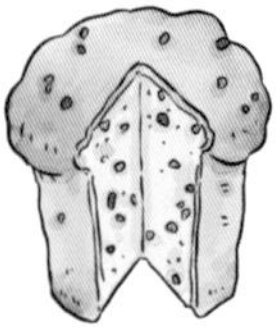

パネトーネ
山小屋で食べたクリスマスケーキ。イタリア発祥のパネトーネは南米でも人気の様子。

アンティクーチョ
牛ハツを串焼きにしたもの。広場の年越しイベントで購入。

フルーツサラダ
元旦にメルカドで食べたフルーツの盛り合わせ。サラダを名乗ってるけどパフェみたいな感じだった。

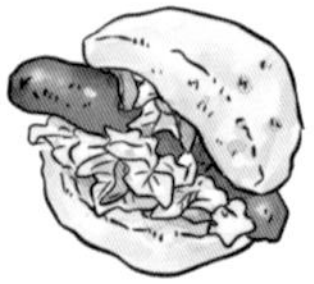

チョリソサンド
揚げすぎなくらい揚げたチョリソを挟んだパン。油びったし。野菜たっぷり。

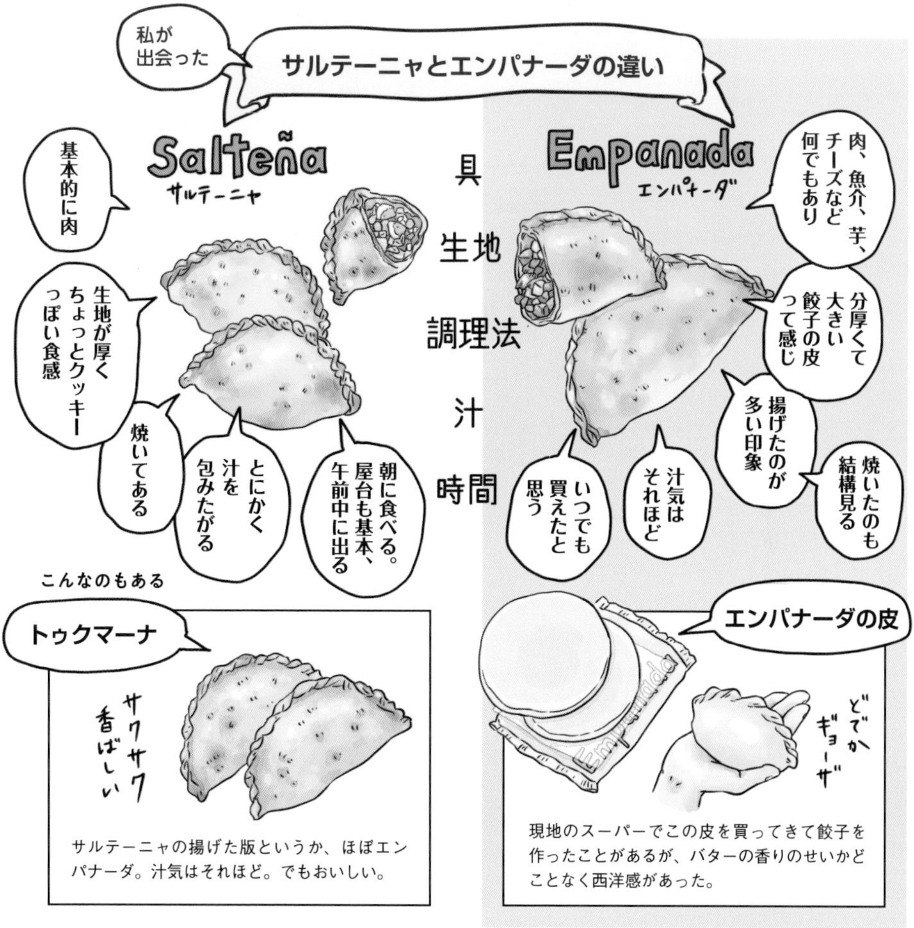
私が出会った
サルテーニャとエンパナーダの違い
Salteña
サルテーニャ
Empanada
エンパナーダ
具
生地
調理法
汁
時間
基本的に肉
生地が厚くちょっとクッキーっぽい食感
焼いてある
とにかく汁を包みたがる
朝に食べる。屋台も基本、午前中に出る
肉、魚介、芋、チーズなど何でもあり
分厚くて大きい餃子の皮って感じ
揚げたのが多い印象
焼いたのも結構見る
汁気はそれほど
いつでも買えたと思う
こんなのもある
トゥクマーナ
サクサク香ばしい
サルテーニャの揚げた版というか、ほぼエンパナーダ。汁気はそれほど。でもおいしい。
エンパナーダの皮
Empanada
どでかギョーザ
現地のスーパーでこの皮を買ってきて餃子を作ったことがあるが、バターの香りのせいかどことなく西洋感があった。

ペルーですっ飛ばした観光地

一瞬で通り過ぎた町の名はプーノ。チチカカ湖観光の拠点として人気の町なのですが、うっかり到着したコパカバーナもチチカカ湖畔なので、まあいっかとなりました。

ライムを搾ってさっぱりと

トゥルーチャの塩焼き

トゥルーチャ（マス）はチチカカ湖で養殖されている魚の一つ。塩焼きやバターソテー、フライにして頂く。

プーノ
コパカバーナ

チチカカ湖

標高3800mほどの高地にある湖。ペルー、ボリビアの国境にまたがっている。

世界思い出旅ごはん 23食目 マレーシア

肉骨茶《バクテー》

マレーシアで食べた
薬膳スープ

肉骨茶《バクテー》は「聞いたことはあるけど食べたことない料理」の一つだった
肉骨茶（イメージ）
なので旅先で見かけたら絶対食べようと決めていた

そして実際
食べてみたのがこちら
肉骨茶（スープ）
豚スペアリブ
肉団子
モツ
きのこ
香り豊かな
薬膳スープ
肉骨茶（ドライ）
味付けは
醤油ベースで
ほのかな甘み
揚げパン
「油条《ヨウティヤオ》」
「肉骨茶（スープ）」の
肉を取り出して炒め
濃いめに味付け
感動
想像の
10倍くらい
おいしいわ〜
あと香りが
すごく好き…
この出会いに
乾杯したい…
しようか
シュポン
現地で
できた友人
ドライの方は
ごはんとの相性ピッタリ
そしてビールにもピッタリだった
パクパク
グビグビ
シュポポン
帰国後も食べたいと思い
お土産にスープセットを購入
スーパーで
色んな種類が
売られていた
薬膳料理なので
薬局にもある
ホクホク
肉骨茶に使う
スパイスや生薬は日本でも
手に入るものが多いので
それらを組み合わせて
オリジナル肉骨茶を作るのも
楽しそうだ
八角や
クローブ
など

マレーシア
ボルネオ島の思い出と旅ごはん

DATA

国名　マレーシア
面積　約33万㎢
人口　約3350万人（2023年）
首都　クアラルンプール
言語　マレー語（国語）、中国語、タミール語、英語

移住希望者の多さも納得の国

マレーシアは、旅先としてだけでなく移住先としても大変人気だと聞きました。確かに、気候、文化、屋台街、ショッピング、ジャングル、洞窟、変な生き物など、どこを取っても魅力満載な国なので、その人気もうなずけます。

ボルネオ島のジャングルツアー

マレーシアは首都クアラルンプールがあるマレー半島と、自然豊かなボルネオ島に分かれています。私は街より断然自然派なので、自然散策系のツアーが多いボルネオ島が大好きです。特に印象に残っているのは、グヌン・ムル国立公園。小さなプロペラ機でジャングルの奥地に飛び、国立公園内の宿に泊まりながら多種多様なジャングルツアーに参加できます。たった3泊ではありましたが、マレーシアで一番思い出深く、ぜひもう一度行きたい場所の一つです。

ボルネオ島で出会ったいきものたち

テングザル

立派なお鼻のおサルさん。木の上でくつろぐ姿はどことなく休日のおっちゃん感がある。

ラフレシア

世界最大の花。大きいものでは90センチくらいになるものもあるとか。

ボルネオコビトリス

国立公園の宿の周りをちょこまかしていたリス。体長10センチくらい。

小さきものたち

夜の大合唱が見事だった。

友人に教わった
肉骨茶の頼み方
❶ドライかスープかを選び
❷何人前欲しいかを伝え
❸肉の部位を選び
❹トッピングや具材を選び
❺その他色々を選び
定番はスープ
定番はスペアリブ。その他モツなども
野菜
きのこ
厚揚げ
油条
お茶
ごはん
鍋が来たら
熱々のうちに食べる！
❻スープがなくなったら追加でもらえる
有料なこともあるそうな
なれるよ～
難しい

肉骨茶のマレーシアとシンガポールの違い

肉骨茶はシンガポールでも定番の料理。同じ名前でも両者は少し違った特徴があるようです。

マレーシア

醤油ベースの黒っぽいスープ。

シンガポール

胡椒が利いた白っぽいスープ。

私はシンガポール版を食べたことがありません
次の旅では絶対食べたい！
けど頼み方が分からないから無理かもしれない…

肉骨茶の生薬

大蒜（タイサン／にんにく）、大棗（タイソウ／なつめ）、生姜（ショウキョウ／生姜）、枸杞子（クコシ／クコ）、大茴香（ダイウイキョウ／八角）、党参（トウジン／ヒカゲノツルニンジン）など

生薬やら漢方やらの話には妙に惹かれるものがあるので、一度勉強しようとしましたが、最初でつまずき、そこから全く進んでいません。

漢字が読めん
漢方と生薬

世界思い出旅ごはん 24食目 ミャンマー

カレー？ 油煮？
ミャンマー料理
といえばの

ヒン

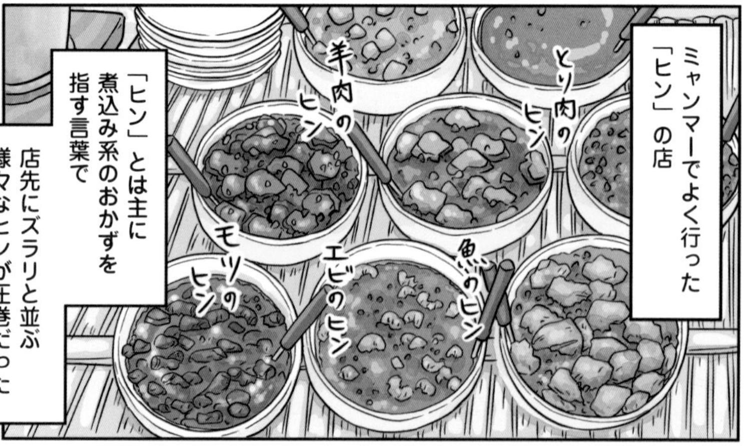
ミャンマーでよく行った「ヒン」の店
とり肉のヒン
羊肉のヒン
「ヒン」とは主に煮込み系のおかずを指す言葉で
魚のヒン
エビのヒン
モツのヒン
店先にズラリと並ぶ様々なヒンが圧巻だった

ヒンは「ミャンマーカレー」と呼ばれることもあって確かにカレーっぽい雰囲気
でもインドカレーほどスパイシーではなく日本のカレーほどマイルドなわけでもない
それより何より
油の多さ
が一番の特徴だと思う
オイルァ…
そして実はこの油にこそおいしさが詰まっているのだ
肉や魚の旨み
玉ねぎの甘み
油のコク
ごはんが異様に進む!!
モリモリ
ヒンに限らず、ミャンマー料理は油をよく使うことで知られている
ある日頼んだ焼きそばもかなり油がたっぷりでついこれを残すと…
店のお母さんが大笑いしていたので
アッハッハッ
これがおいしいのに〜!!
?
とでも言っていたのかな?と懐かしく思う
ヒンの店で楽しいのは沢山のヒンの中から1、2品選び席につくと
頼んでいないおかずが山ほどついてくることだ
おかずが多いのは嬉しいけれど
頼んだのどれだっけ…
自分の選択を見失い混乱する不思議なごはん体験だった

ミャンマー
油を味わう旅ごはん

DATA

国名 ミャンマー連邦共和国
面積 約68万㎢
人口 約5114万人(2019年)
首都 ネーピードー
言語 ミャンマー語(公用語)、シャン語、カレン語等

食べるラー油!? ミャンマーカレー

　ミャンマーへはタイから陸路で入国しました。その後またタイに戻り、空路でインドへ。そしてスリランカ、バングラデシュ、ネパールへ。カレーの国を巡ったわけですが、ミャンマーカレーはそのどれとも違う独特の味と雰囲気を纏っていました。スパイスの使い方はインドっぽいけどそれほど沢山は使わず、魚醤を使う点はタイっぽいけどタイカレーに似ているかというとそうでもなく、そしてとにかく油。総合的に見ると、そこまでカレーではない気がするのですが、でも他にうまい表現が……と考えた結果、「食べるラー油」に近いのではと思いました。

ヤンゴンの風景。こんな感じの道にある素朴なヒンの店が好きで、よくランチを頂いた。

この料理はメニューにはっきりと「チキンカレー」と書かれていたけど、やっぱり油だった。

パームオイル
ピーナッツオイル
ごま油など

ミャンマー料理の油の秘密

スィービャン(油戻し煮)

❶ たっぷりの油でスパイスや具材を炒める
❷ 水を少々加える
❸ 水分が飛ぶまで煮る

結果うまい油が残る!

トレッキングで泊まった山あいの民家のキッチン。

トレッキングツアーごはん

ミャンマーでは1泊2日と2泊3日のトレッキングツアーに参加しました。ツアーで出してもらった料理の中に油たっぷりのヒンはなく、野菜中心でさっぱりとした味わいの食事でした。ミャンマーには130を超える民族がいて、地域や民族ごとに料理の系統も違ってくるようです。

ミャンマーで出会った納豆

ある日の副菜として出てきたヒンが明らかに納豆でした。

ひきわり納豆みたいな感じ
見た目も味も香りも完全に納豆
カレーになってもしっかりした存在感!!

納豆は日本固有の食材だと思い込んでいましたが、ミャンマーだけでなくタイ、ネパールなどでも食べられているようです。

ペーボウ

ミャンマーの納豆。糸引き納豆以外にも乾燥、煎餅状など色んな種類がある。東部のシャン州は特に納豆作りが盛んなのだそう。

システムが分からない

明らかに食べ切れない量が出てくるヒンの店
バイキングみたいなものなのか?
スープがおいしくて一気に飲んだら即座に追加されたことがある―
バシャーッ
まさかのわんこそば形式か?
値段設定も分からない
一度店の人の見極めにより値段が決まった?ことがあり
食べた量で決まるの⁉
とビビり小食になった
…なんて色々怯えきっていたが
ビバミャンマ～
いつも1食100円くらいだったので私は考えるのをやめた

世界思い出旅ごはん 25食目 ネパール

ネパール旅のお供！ホクホク餃子の モモ

チベット文化圏で広く親しまれている餃子「モモ」
ネパールでも定番になっており
旅中よく頂いた思い出深い食べ物だ
MOMO
CHICKEN

モモには色んな種類がある
野菜のモモ
チキンのモモ
水牛のモモ
蒸したもの
揚げたもの
焼いたものはあまり見ない
味付けは塩とスパイス類で比較的穏やかな風味のものからカレーっぽい濃いめのものまで様々だ
マサラ
でもそれは食べてみるまで分からないので
おいしい!!
けど今日は穏やか風味の気分だった!!
毎回ちょっとドキドキしたものだ
つけダレもお店によって様々でよく見かけるのはこんな感じ
トマト
玉ねぎ
パクチー
唐辛子
スパイス類
生姜
にんにく
ごま
塩
など
これらを油で炒めペースト状にしたピリ辛ダレ
このタレも好きだけど
おいしい!!
けどたまにはポン酢で食べたい!!
なんて欲求も少しだけあった
私はレストランよりも屋台や道端で売っているモモが好きだった
旅の時期が秋〜冬だったので寒空の下でホクホク食べるそれが最高だったのだ
今冬に一度家で作った餃子を外で食べてみようかな なんて企んでいるが…
モグ
モグ
!?
…それはちょっと変な人かもしれない

ネパール

モモを巡った旅ごはん

DATA

中国
ネパール
ブータン
バングラデシュ
インド

国名 ネパール
面積 約14万7000㎢
人口 約3055万人（2022年）
首都 カトマンズ
言語 ネパール語

ネパールで食べ歩き

ネパールに入国したのはインドで散々揉まれた後だったので、穏やかなこの国の雰囲気にとてもホッとしたことを覚えています。入国後、最初に食べた食事がカレーだったので、「またカレーか」と思ったこともよく覚えています。いや自分で頼んだんですけども。

野菜のスープカレー
豆と芋のカレー炒め
ロティ

国境の町で食べた朝ごはん。

ネパールは2カ月ほどで出る予定が、瞑想修行に行ったりトレッキングにハマったりで、気づいたら4カ月ほど滞在していました。滞在中よく食べていたのは、カレー定食のような「ダルバート」、チベットの麺料理「トゥクパ」、そしてモモなどの軽食です。トレッキングの前後で少々旅をサボり、連日食べ歩き&飲み歩きをしたのもいい思い出です。

モモは元々チベット料理

定着しすぎてすっかりネパール料理だと思われているモモは、実はチベットが起源。インド北部の山岳地帯などでもよく食べられており、行く先々でお世話になりました。

私がモモを食べ歩いたエリア

Nepal
India
このへん一帯

バスターミナルの一角で売られていたチキンモモ。ピリ辛ダレがかかっていた。

遠くからでも見つけやすいモモの店

街角でよく見るモモ屋さん。小さな店の入り口に大きなせいろを置いていて、もくもく湯気をたてる様子がとてもおいしそうですが……

メニュー置いてなさそうだな…
何個ずつ買えるのかな…
おいくらまんえんかな…
コソコソ

なんか怖くてなかなか入れませんでした。

モモの中身たち

モモの具はだいたい以下の５種類で、その日の気分でアレコレ食べ分けていました。小腹が空いたときは野菜、大腹が空いたときはチキンか水牛、飲みたいときはマトンあたりが好みです。いつでも食べたいのが豚ですが、遭遇率に難アリでした。

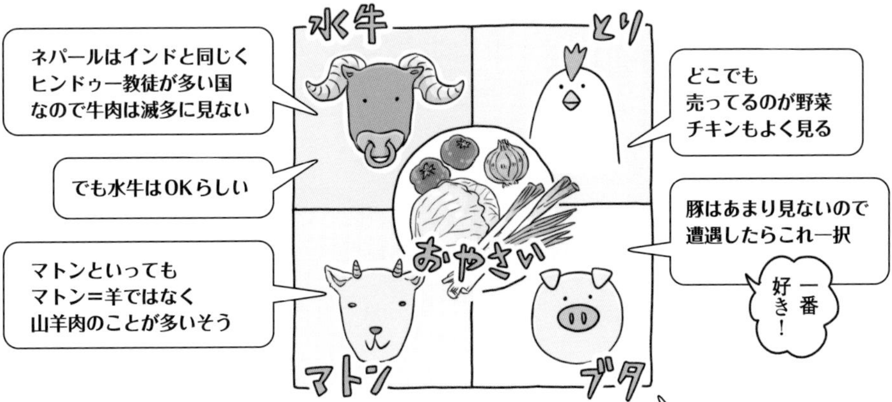
水牛
とり
マトン
ブタ
おやさい
ネパールはインドと同じくヒンドゥー教徒が多い国なので牛肉は滅多に見ない
でも水牛はOKらしい
マトンといってもマトン＝羊ではなく山羊肉のことが多いそう
どこでも売ってるのが野菜チキンもよく見る
豚はあまり見ないので遭遇したらこれ一択
一番好き！

山羊 or 羊??

正直 味の違いはよく分からない
強いて言うなら山羊の方が臭みが少ない…？
いやスパイスで誤魔化されてるだけか…？

謎の白い粉！
タイホー!!!
でも税関で引っかかりそう

ポン酢を持ち運ぼうか真剣に悩む

野菜やチキンのモモは現地のタレがいいですが、豚肉のモモがあまりにも餃子だったのでこのときばかりはポン酢を欲しました。

何か酸味が欲しい…
醤油もだけど
ビネガーなら売ってるけど液体は荷物になるし…
クエン酸を持ち歩いてみるか…？

その他のモモ

ヤクのモモ

まだ出会ったことがない
ヤク肉は以前中国で食べたけど牛っぽい味と食感で羊っぽい風味を感じた

チーズ入りの揚げたやつがおいしい

たまに見かけるポテトモモ

世界思い出旅ごはん 26食目 韓国

韓国・キムチチゲの思い出と

手作りキムチ

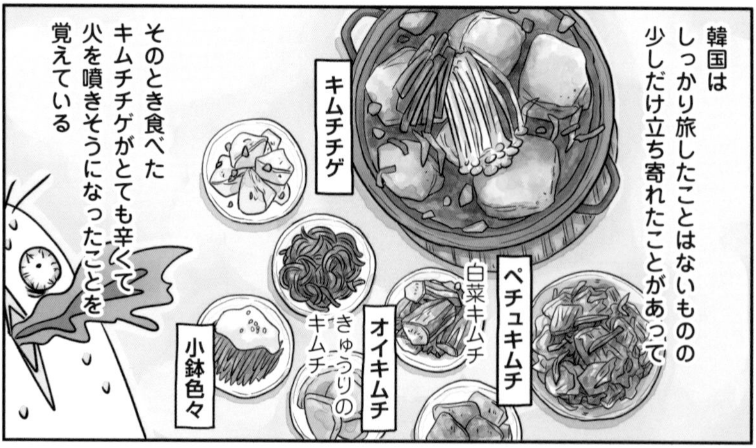
韓国は
しっかり旅したことはないものの
少しだけ立ち寄れたことがあって
キムチチゲ
ペチュキムチ
白菜キムチ
オイキムチ
きゅうりのキムチ
小鉢色々
そのとき食べた
キムチチゲがとても辛くて
火を噴きそうになったことを
覚えている

でも本場のキムチはやっぱりおいしくて
その後 別の国で出会った韓国人の女の子に漬け方を教えてもらった
白菜の他ににんじんとか大根とか～
まあ好きなやつでいいよ
アミの塩辛とか～
まあなければ何でもいいよ
適当だな
だってキムチは家庭の味だもん
レシピだって色々だよ
なるほど
というわけで教わった内容をベースに自分でも調べて
初めての本格キムチ作りに挑戦してみることに
白菜の塩漬けから始まり
唐辛子や塩辛を混ぜてヤンニョム（タレ）を作り
煮干しや昆布で出汁を取り
漬け込むこと約２週間…
そうしてできた本格キムチは
おいしい!!
でももっとしっかり発酵させたい!!
すっぱめが好き
大成功まであと一歩だったが…
カラッ
封印しとけばよかった～!!
待ち切れず完全熟成の前に食べ切ってしまった

韓国

毎冬漬けてる手作りキムチ

DATA

国名 大韓民国
面積 約10万㎢
人口 約5156万人（2023年）
首都 ソウル
言語 韓国語

自家製キムチ三昧が恒例に

初めてのキムチ作り以来、すっかりこれにハマってしまい毎冬漬けています。最初の年は白菜1玉を何度も漬けて、一冬で10kg近いキムチを消費しました。朝はおにぎりとキムチ、昼はキムチクリームパスタ、夜は箸休めにキムチ、夜更けは酒のつまみにキムチ、締めはキムチ雑炊……翌年さすがに我に返り、その後は白菜半玉を2回分くらいで堪えています。自分好みの味に調節できるキムチ作りは楽しいし、発酵を待つ期間はワクワクが止まりません。

日に日においしくなるキムチ

漬けた当日はさっぱりしておいしい！

翌日何故か味が落ちる

雑味が入る感じ

なんか知らんけどそういうものらしい

三日目くらいからまたおいしくなる

私はこのへんから食べ始める

その後 日に日においしくなっていく

昨日より確実においしい！不思議!!

2週間目以降がとびきりおいしい!!

しかしそこからは賞味期限との戦い……

油断するとすぐ傷んでしまうので、最近は小袋に分けて漬けています。食べ切れなかった分は冷凍庫へ。

私が漬けてるキムチのレシピ

韓国ちゃん直伝

一部自己流

材料

- 白菜1玉（2～2.5kgくらい）
- 塩 80～100gくらい（白菜の4%の重量）
- 大根1/3本くらい
- にんじん1本くらい
- にら２束
- 長ねぎ1本

私はこれが好きなので沢山入れてる

❶白菜を1/4に切りひと晩塩漬けにする

❷漬けた白菜をさっと水洗いしてザルに上げ水気をしっかり切る

❸食べやすい大きさに切る

韓国ちゃんはこんな感じに巻いて漬けろと言ってたけど ベタベタのキムチを切るのがめんどいので先に切る

❹大根とにんじんは千切りにして塩もみして水分を絞る

❺にらとねぎは食べやすい大きさに切る

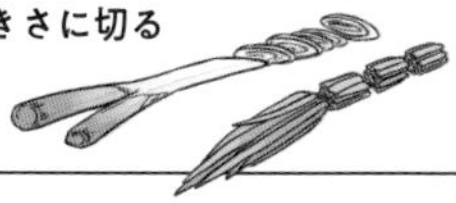

キムチのり

- 米 1/3カップ
- 昆布 10cm角を２、３枚
- 煮干し 軽くひと掴み
- 水 200mℓ

❻昆布と煮干しで出汁を取る

❼こした出汁で米を炊いて冷ましておく

昆布の出汁がらは細く切ってキムチに混ぜる

煮干しの出汁がらは使わないので佃煮などに

ヤンニョム

- りんご 1/2個
- 玉ねぎ 小１個
- 生姜 40gくらい
- にんにく ５、６かけ
- イカの塩辛 100gくらい

アミの塩辛が手に入りづらいのでイカの塩辛と乾燥小エビで代用

- 粉唐辛子 120gくらい
- ナンプラー 100mℓくらい
- ダシダ 大さじ２くらい

唐辛子はキムチ用の辛みの少ないもの

ダシダは気分で入れたり入れなかったり

- 乾燥小エビ 20gくらい
- いりごま 20gくらい

❽小エビとごま以外のヤンニョムの材料とキムチのりをミキサーにかける

小エビとごまはここで加える

❾材料全部を合わせしっかり混ぜる

❿味見して塩気や甘みを調整する

ここで しょっぱくしすぎた!! と思うくらいがちょうどいい。

その他

- 蜂蜜 少々
- 塩 少々

最後に味を調整する用

数日寝かせると滅茶苦茶良い塩梅に

⓫密閉容器などに詰め冷暗所で丸一日放置（※冬の場合）。その後冷蔵庫へ

ラップで空気を遮断

3、4日寝かせて

完成！

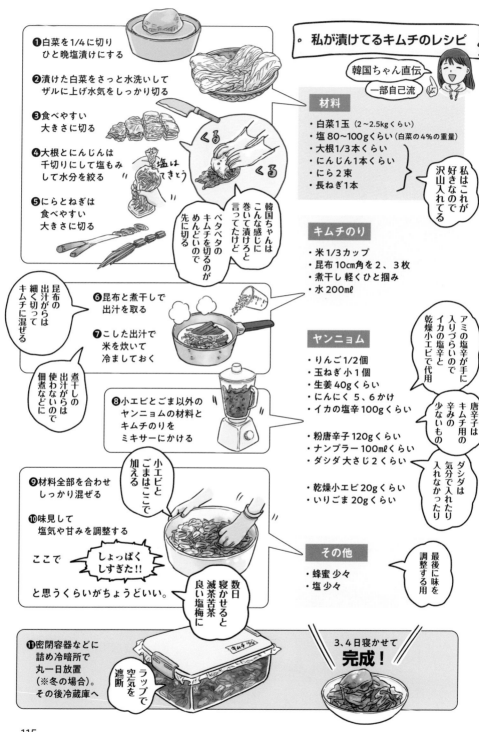

南米の豪快バーベキュー

アサード&シュハスコ、パリージャ

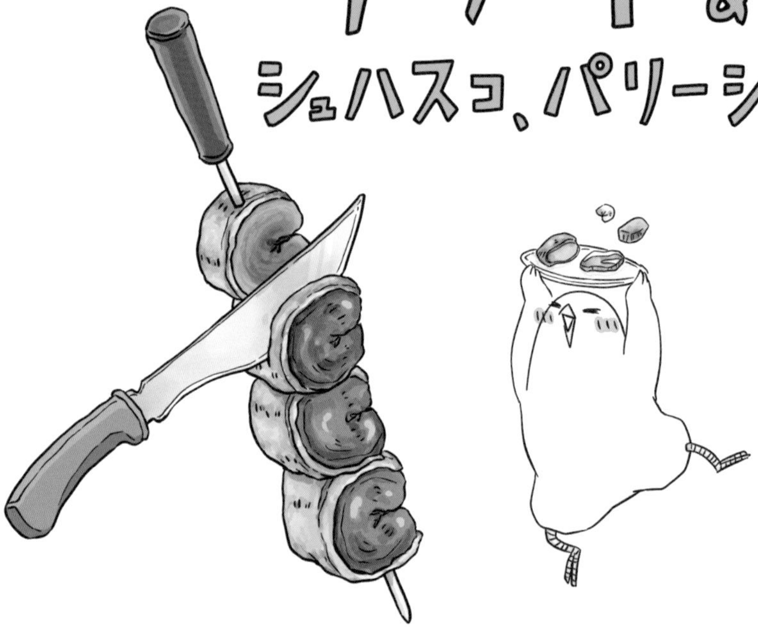

南米といえば肉料理！
なんとも豪快な南米のバーベキューは
国や地域によって
アサード
シュハスコ
パリージャ
などと呼ばれ人々に広く親しまれている

それぞれの名前には意味がありお料理にもこだわりがあるようなのだが…
アサードはスペイン語「焼く」だとかパリージ
肉用の網だとかシュハスコはブラジルのバーベキューで串
肉の種類がアレコレで炭火の加減
味付けに関しては主に塩だが店
せかいのにく
そんなことより
肉!
腹ペコ旅人の前では全てが二の次
全部おいしい!!
魅惑の肉料理だ
これらの料理は食べ放題&バイキング形式のお店が少なくない
しゃ〜わせ♡
肉は持ってきてもらえる
パンやサラダ
おかずやデザート
ワインがひとり1本付いてくる店も
おいしいお肉やお酒をたらふく頂けるバイキングはまさにパラダイスだった
…が
オラ〜(※)
ハッ
※スペイン語の「ハロー」
いかが?
いかが?
容赦無く次の肉が来るので多少大食らいな程度では追いつかず
いかが?
さらに脂にもやられ毎度 白旗を上げるのだった

チョリパン

アルゼンチンの
国民的ファストフード

DATA

ブラジル
ウルグアイ
チリ
アルゼンチン

国名 アルゼンチン共和国
面積 約278万㎢
人口 約4623万人（2022年）
首都 ブエノスアイレス
言語 スペイン語

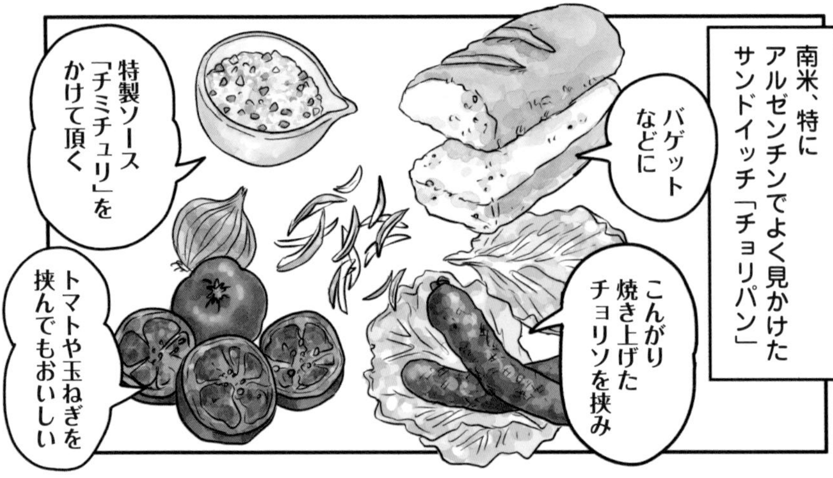
南米、特に
アルゼンチンでよく見かけた
サンドイッチ「チョリパン」
バゲットなどに
こんがり焼き上げた
チョリソを挟み
特製ソース
「チミチュリ」を
かけて頂く
トマトや玉ねぎを
挟んでもおいしい

チョリパンは
アサードのお供として
食べるのが一般的で
さっぱり食べやすい
チミチュリは
バーベキューソースにも
ピッタリだ
パセリ
オレガノ
にんにく
唐辛子
ビネガー
オリーブ
オイル
塩、胡椒
みじん
切りに
「チョリパン」は
日本人旅行者が
付けた通称かな？
と
思っていたら
チョリパン
いかが？
正式名称と知り
なんだか
キュンとした
「チミチュリ」も
可愛いと思う
アサードの煙と
パチパチ割れる炭の音
出来たてチョリパンを
受け取るワクワクと
手の中の温かさ
口の中に広がる
チョリソのジューシーさと
チミチュリの爽やかさ
五感全てで蘇る
南米アルゼンチンの
おいしい思い出

南米大陸

肉の旅

色々食べたいので小さめに切り出してもらう。

部位も量も選べる肉の食べ放題

食べ放題タイプのレストランは、お店の人がどんどん焼けた肉を持ってきてくれ、部位の説明もしてくれます。私は赤身も好きですが、モツや脂身などいかにも胃がもたれそうな肉もやぶさかではないため、結果はいつも同じでした。なお肉は好きなものだけ選択すればいいし、食べたくなければ断って大丈夫です。間髪を入れずに次の肉が来ますけど。

週末バーベキューパーティー

南米では、バーベキューは家庭の週末ランチや、友人同士のパーティーの定番にもなっているようです。私も宿主催の週末アサード会や、偶然居合わせた誕生日会など、沢山のバーベキューパーティーに参加させてもらいました。私の遭遇率が特別高いのではなく、彼らは何かあるとすぐ肉を焼くのです。幾多の遭遇は偶然ではなく必然と言えます。

スーパーで肉の買い出し。

チョリパンを食べながら肉を待つ

肉のお供は南米産のおいしいワインに缶ビール。蒸留酒「ピスコ」で作ったサワーもよく合います。脂による胃もたれにはコーラが一番！とはパラグアイ人談。

肉を待ちながら見上げた空は晴れ渡っており、炭火と肉のいい匂いがして、宿の犬がしっぽを振りながらこちらを見ていました。幸福な時間でした。

チミチュリとチョリパン作り。

南米バーベキューの思い出

アルゼンチン
パラグアイ
ウルグアイ

アサードレストランのバイキング。つい肉系のおかずを選んでしまい胃もたれに拍車をかける。

各国アサードレストラン

全てバイキング形式の店を選んで大フィーバー。すいてる時間に行くと肉の追撃が早い……!!

ブラジルで牛タンパーティー

焼肉ではないけれど、ブラジルの農家で頂いた茹で牛タンがとてもおいしかったです。日本に比べとてもお安く、ベロンと１本数百円でした。

その後 別の肉で焼肉もした。

パリージャの謎

肉の種類が多いアサードがパリージャだとか
アサードレストランをパリージャと呼ぶとか
パリージャレストランはパリジャータだとか
単に金網だとか

皆さん思い思いのことを言うので解明は諦めた。

イグアス移住地でアサードパーティー

パラグアイのイグアス移住地は日系移民の村として有名。簡単に手に入る日本食材に浮かれつつ、肉もしっかり楽しみました。

Brazil

Paraguay

Chile

Uruguay

Argentina

ブラジルのシュハスカリア

ブラジルの国道沿いではたびたびシュハスカリア（シュハスコレストラン）に遭遇しました。シュハスカリア兼ガソリンスタンドみたいな店も。

誰かの誕生日会 In パタゴニア

南米の南端、チリ・アルゼンチンにまたがる地域「パタゴニア」は羊のアサードが名物。泊まった宿で偶然頂けてラッキー！

子羊を開いて串に刺し

遠火に当て5〜6時間かけてじっくり焼き上げる

脂が落ちるので意外とさっぱり食べやすい！

コルデーロ（子羊）の肉が主役

南米最南端の日本人宿で

冬季は除く

南米最南端の町（※諸説あり）ウシュワイアにはかつて「上野山荘」という有名な日本人宿があり、そこでは毎週末アサードパーティーが開かれていました。

世界思い出旅ごはん 28食目 ウクライナ

ウクライナで食べた
バターたっぷり

チキンキーウ

チキンキーウ（キーウ風カツレツ）は
バターがたっぷり入った
熱々ジューシーなチキンカツ
バターには
ハーブやにんにくが
練り込んであり
とても良い香りがする
味付けは
シンプルに
塩、胡椒
だったり
ソースが
かかって
いたり
レモンを
搾っても
おいしい
Ukraine
首都
キーウ

初めて食べたとき
私はこの料理について
よく知らなかったので
おいしそ～
サクッ
何か出た⁉
ジュワッ
カツを切った瞬間
滲み出たバターに
大興奮してしまった
バターといえば
キーウで食べた
ケバブロールにも
バターがたっぷり
トッピングされていた
ウクライナの冬は
かなり冷えるそうなので
寒さを乗り切るために
脂質を多く摂ろうとする
のかもしれない
私が旅した時期は
秋口だったが
既に寒くなり始めていた
ウクライナ
でも
その寒さとは対照的に
人々はとても優しく
温かかった
温かい人々に
温かいチキンキーウ
ボルシチに
ホットチョコレート…
なんだか
温かいものばかり
思い出してしまう
そんな
ウクライナの旅

ウクライナ
秋空と温かグルメの旅ごはん

DATA

国名 ウクライナ
面積 約60万3700㎢
人口 約4159万人（クリミアを除く）（2021年）
首都 キーウ
言語 ウクライナ語（国家語）、その他ロシア語等

あの頃旅したウクライナ

ウクライナへは隣国ルーマニアからバスで入国しました。目当てにしていた国境越えのキーウ直行列車が３日後まで満席だったので、どう行こうかとあれこれ悩み……代替案を探し、それらを乗り継ぎながら首都キーウを目指す旅は、少しハラハラしつつもとても楽しかったです。

到着後は教会巡りをしたり、蚤の市を覗いたり、食べ歩きをしたり。街の人々は優しく、外国人の私によく声をかけてくれました。市場に行ったらイクラやキャビアを次々に試食させてくれ、それだけでおなかがいっぱいになることも。秋口だったので木々は色づき始めており、そんな景色を楽しみながらのんびりした日々を過ごしました。美しい国でした。

経由の町で食べた晩ごはん

ウクライナで食べたもの

ビーツの甘みが利いている
一時期好きなスープベスト3に入るくらいハマっていた

ボルシチ

ビーツを使ったウクライナ発祥の真っ赤なスープ。シチューっぽいのもあるけど今回はさっぱりスープ系。

中身はお肉やポテト
飴色玉ねぎの甘口ソース

ヴァレーニキ

ウクライナの水餃子。皮が厚めで具もみっちり。これだけでおなかいっぱいになれる。

ケバブ肉
にんじん千切り
バター
とうもろこし粉のうすい皮
レタス

具材を包んだ後鉄板で挟んで焼いてくれた
ジュワ〜

そして追いバター!!

ケバブ

ウクライナのケバブは皮もにんじんも追いバターも珍しくて、強く印象に残っている。

別の日に食べたケバブ

こちらはバターではなくサワークリームだった。中身はだいたい同じ。

これが真のホットチョコレート…

ホットチョコレート

ウクライナは実はチョコレートが有名。こちらは鍋で溶かした熱々とろとろのチョコレートを小さなカップに入れたもの。

バナナ入りの生クリーム

アイスココア

ホットが目当てだったのに、生クリームがあまりにおいしそうでつい冷たいココアを頼んでしまった。結果は大満足！

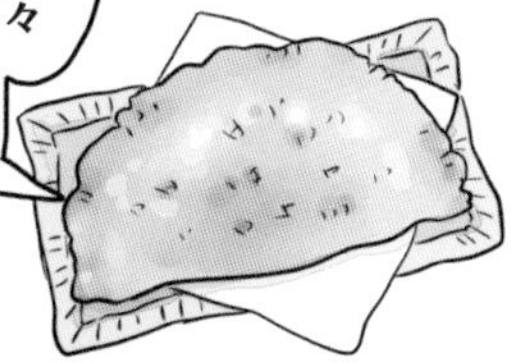
中身色々
私が食べたのは香草入りのマッシュポテト

チェブレーキ

巨大揚げ餃子。ファストフードとして青空の下で売られていた。揚げたてがおいしいけどタイミングが難しい……。

うっかり何度も買ってしまった

アイスクリーム

妙においしいウクライナのアイス。もう寒いのに道端アイス屋さんが沢山出ていた。

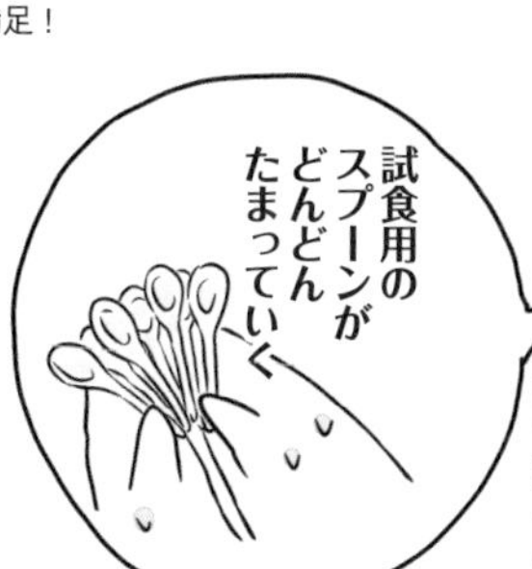
試食用のスプーンがどんどんたまっていく

イクラ&キャビア

市場やスーパーで瓶詰めのイクラやキャビアがよく売られていた。しっかりめの塩味でおいしい。

世界思い出旅ごはん 29 食目 ニュージーランド

ハンギ

ニュージーランドの
ホカホカ地中蒸し

ニュージーランドには
温泉が沢山あって
真冬に旅した私はこの温泉巡りが
一番の楽しみであり癒しだった

そんな温泉地帯の地熱を利用した料理がこちらの「ハンギ」
ニュージーランドマオリの伝統料理だ
芋などの根菜類やかたまり肉を
植物の葉や濡れた布で包み土をかぶせて
地中で蒸し焼きに
温泉のない地域では焼き石を使用
…とそんな面白そうな料理があったのに食べ損ねてしまった私
とほ〜
ところがどっこい
いや食べたことあるぞ!?
実は以前別の国に住むマオリのお宅に遊びに行ったことがあってそこで頂いたディナーがハンギだったのだ
野菜がホクホクのトロトロ!
塩、胡椒と肉汁の旨み
数時間かけてじっくり焼き上げたそう
オーブン調理
オーブンでも作れるんですね
そりゃそうよ!
伝統料理も近代化してるのよ
オーブン調理でも十分おいしいハンギだが
本格的なそれはきっと特別なおいしさなのでいつかまた食べてみたい
アハハ

ニュージーランド
冬を楽しむ旅ごはん

DATA

オーストラリア
ニュージーランド

- 国名 ニュージーランド
- 面積 約27万534㎢
- 人口 約504万人（2019年）
- 首都 ウェリントン
- 言語 英語、マオリ語、手話

雪と温泉のニュージーランド

ニュージーランドを旅したのはある年の8月。南半球なので真冬でした。とにかくずーっと寒かったことと、温泉巡りをしたことと、雪が原因で見送りになったツアーを待つため宿に引きこもったことをよく覚えています。窓の外の雪景色と暖炉の火を見つめながら待つ日々は、そう悪くもなかったです。

マオリのお宅で頂くハンギ

私はオーストラリアでワーキングホリデーをしたことがあって、ハンギを頂いたのは、そのとき知り合ったマオリのお宅でした。マオリのお母さんいわく、「ハンギはオーブンでも作れるけど地中で作るのが〝本物〟なのよ」とのこと。地中で作るハンギは熱伝導の問題か、大容量調理が功を奏すのか、やはり特別なおいしさなのだそうです。お母さんは「庭に穴掘ってもいいけどこの家、賃貸なのよね～」とも言っていました。伝統料理もなかなか難しいようですね。

ハンギの親戚たち

以前行ったパプアニューギニアにも焼き石による地中蒸し焼き料理「ムームー」がありました。ツアー中これを食べる機会に恵まれたのですが……

10人前
くらいある
参加者一人

参加者が私一人だったのでさすがに頼めませんでした。

オセアニアと地中料理

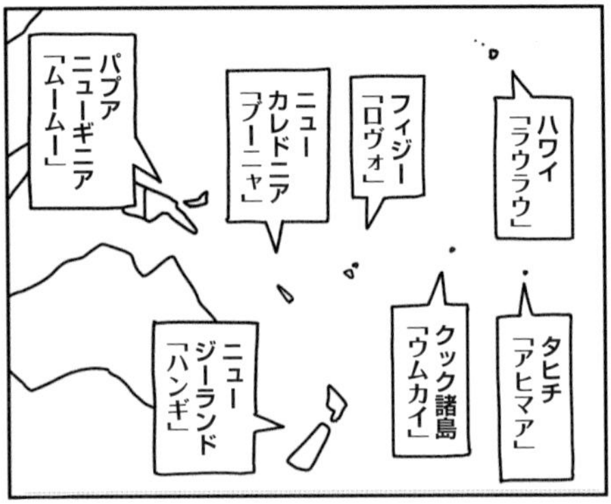
ハワイ「ラウラウ」
フィジー「ロヴォ」
ニューカレドニア「ブーニャ」
パプアニューギニア「ムームー」
タヒチ「アヒマア」
クック諸島「ウムカイ」
ニュージーランド「ハンギ」

オセアニアには地中で作る伝統料理が沢山あります。まだ未訪の地ばかりなので、いつかまたこれらの料理に出会う旅をしたいです。

ニュージーランドで食べたもの

エッグ&ミート
パイ生地がサックサク&バターの香り
バターチキン

ミートパイ

イギリス由来のミートパイはニュージーランドでもすっかり定番の軽食。

芳醇で濃厚
HONEY

蜂蜜アイス

ニュージーランドは良質な蜂蜜の生産国としても有名。専門店で食べた蜂蜜アイスはちょっとびっくりするくらいおいしかった。

マタリキバーガー

ナイトマーケットでマオリの人が売っていた謎バーガー。

マタリキとは現地の言葉でプレアデス星団のこと。この星々が輝く時期が一年の区切りで、マオリの人々にとって特別なのだそう。

焼きオニオン
目玉焼き
厚切りハム

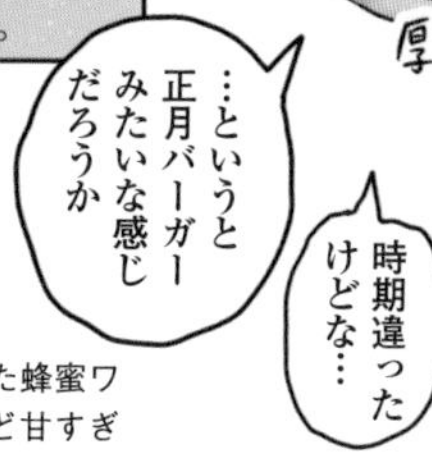
…というと正月バーガーみたいな感じだろうか
時期違ったけどな…

蜂蜜ワイン

同じ店で試飲した蜂蜜ワイン。甘口だけど甘すぎず美味。

あとはだいたいパンと自炊

ニュージーランドはきれいで過ごしやすい国だけど、物価は旅人泣かせ。なので私はだいたい宿のキッチンで自炊して過ごしていた。

同じ考えの旅人は少なくないようで、人気の安価宿にはたいてい立派なキッチンがついていた。

パスタと調味料持ち歩いてる
見学に来た宿のネコ

ニュージーランドの鳥が可愛い

現地ツアーや山歩き、野生動物保護施設などで出会った鳥たち。冬のせいもあってかどの子も妙に丸っこく可愛かったので、私の中のニュージーランドは「可愛い鳥の国」という認識です。

キーウィ

ニュージーランドの国鳥。キウイフルーツくらいの大きさかと思ったら、意外と巨大な鶏サイズ。飛べない。

ケア

ニュージーランド南島の山岳地帯に棲む鳥。イタズラ好きで、人が近づいても余裕の表情。飛べる。

タカへ

一度は絶滅したかと思われたが、その後少数の生き残りが発見された。青く美しい羽をもつ。飛べない。

ブルーペンギン

世界最小のペンギンで体長40センチくらい、体重は1キロくらいしかない。波打ち際でもみくちゃにされる様があまりにも可愛い。飛べない。

インド おかわり

インド極北 ラダックの
ホカホカ家庭料理

チュタギ

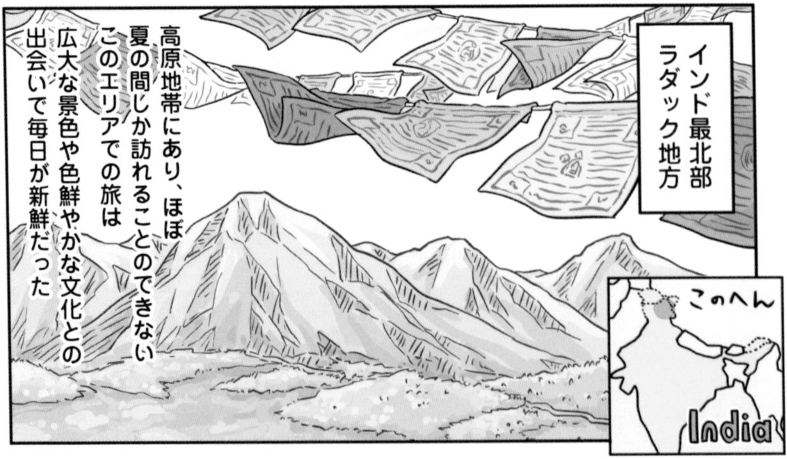
インド最北部
ラダック地方
高原地帯にあり、ほぼ
夏の間しか訪れることのできない
このエリアでの旅は
広大な景色や色鮮やかな文化との
出会いで毎日が新鮮だった
このへん
India

ラダックには
ホームステイ形式の宿が多く
暖かなダイニングで頂く
家庭料理が一番のお楽しみ！
そこで頂いた料理の一つが
こちらの「チュタギ」だった
チュタギとは
すいとんみたいな
粉もの料理で
私が食べたものは
野菜たっぷりの
煮込みになっていた
味付けは塩と
野菜のお出汁
スパイスも
入ってるけど
全然強くない
ああ～～
ホッとする
お味～
3回
おかわりする
宿仲間
形が
カワイイ
私がラダックを旅したのは
シーズン終わりかけの秋
朝晩の冷え込みはつらかったが
温かなチュタギやバター茶を
おいしく頂けたので
良い季節に
滑り込めたなぁ
なんて嬉しく思う
なお
冬のラダックは
現地民いわく
ただの
サバイバル
なんだよ
ビュオオオオオ
マイナス20℃
とのことである

インド

おかわり 秘境ラダックの旅ごはん

DATA

国名 インド共和国
面積 約328万7469㎢
人口 約14億1717万人（2022年）
首都 ニューデリー
言語 連邦公用語はヒンディー語、他に憲法で公認されている州の言語が21ある

冬は雪に閉ざされるラダック

チベット文化圏にあり、いわゆる「インドっぽさ」とはずいぶん異なる雰囲気を持つラダック。ヒマラヤ山脈とカラコルム山脈に囲まれた立地で、中心都市のレーは３６５０メートルもの標高を誇ります。ラダックへ至る道はさらに高地を越える峠道なので、冬期はこれが積雪によって塞がれ、身動きが取れなくなってしまうそう。中心地レーへはフライトもあるものの、地方の村などはやはり陸の孤島になりがちです。かくいう私も結構ギリギリのタイミングでのラダック旅になってしまい、閉じ込められやしないかとヒヤヒヤしました。

ラダックの風景。大地は乾燥しており緑が少ないが、空はどこまでも広い。

ラダックのホームステイ宿

ホームステイタイプの宿は、同じ建物の中にご家族の居住スペースとゲストの宿泊スペースがあって、食事はご家族と同じダイニングで頂くことになっていました。ダイニングには薪ストーブがあって、猫が暮らしていたり、赤ちゃんとお母さんがくつろいでいたり。ときおり話しかけられつつも基本的には自由に過ごさせてもらえ、とても居心地のいい空間でした。

ある日の宿の晩ごはん

豆とトマトのカレー、キャベツの炒め蒸し、米。ラダックは大麦や小麦を使った料理が多いそう。チベット料理も一般的なほか、カレーもよく食べられており、宿の夕飯ではよくカレーとおかずのセットを出して頂いた。

宿で頂いた手作り朝食

甘さ控えめでまったり濃厚
ナンくらいの分厚さでしっかりめの歯ごたえ
庭には牛と山羊がいたので山羊バターだったのかも
コクと塩気のあるミルクティーみたいな

アプリコットジャム
庭のアプリコットで作った自家製ジャム。

バター
ちょっと不思議な風味の自家製バター。

カンビール
薄焼きパン。宿のお母さんが夜のうちに捏ねて寝かせていた。

グルグル・チャ
バター茶。ラダックやチベットの人はバター茶をよく飲む。

頂いたおやつ

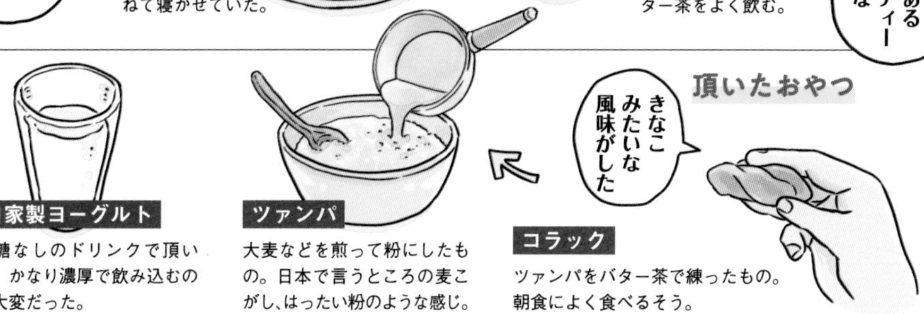
きなこみたいな風味がした

自家製ヨーグルト
砂糖なしのドリンクで頂いた。かなり濃厚で飲み込むのが大変だった。

ツァンパ
大麦などを煎って粉にしたもの。日本で言うところの麦こがし、はったい粉のような感じ。

コラック
ツァンパをバター茶で練ったもの。朝食によく食べるそう。

バッシャ
バッシャ
大変そう。
グルグル
宿のダイニングにあったこちらはバター茶を撹拌するための器具。

ラダックの名産 アプリコット

ラダックはアプリコットの名産地。私が旅した時期は収穫期の直後だったので、とり損ねた実をよく分けて頂きました。

地元民(宿オーナー)監督のもと行われる残り物さらい大会
オーナー

アプリコット製品たち
ドライアプリコット
ジャム
Apricot
ヘアオイル

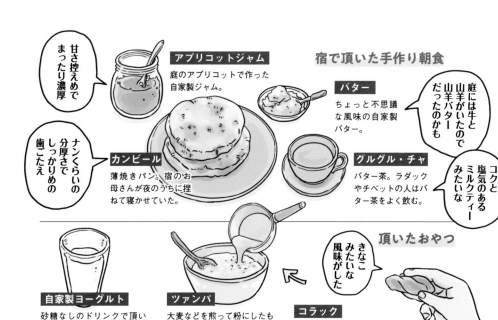

世界思い出旅ごはん 31 食目 ドイツ

ドイツのクリスマスマーケットと

シュトレン

クリスマスマーケット
ドイツなどの各都市で
クリスマス前の4週間
開催される屋外イベント
ライトアップされた広場は
幻想的で美しく
夢の世界にいるみたいだ

そんなドイツのクリスマスに欠かせないお菓子がシュトレン
バターとブランデーの香り
ナッツ類やオレンジピールレーズンなど
たっぷり粉砂糖が雪のよう
日持ちするので4週かけて少しずつ食べていくそう
ドイツの人が言うには
寝かせるともっとおいしくなるよ
私は最後の方が特に好き！
とのことだったが
私は三日も待てなかった
いい香りの誘惑が～
おいしい～
シュトレンを食べながらクリスマスの訪れを待って
シュトレン自体もどんどんおいしくなって…
クリスマス当日もさることながら―
それを待ち準備していく1カ月はきっと特別な日々なのだろう

ドイツ

雪降る夜の旅ごはん

DATA

国名 ドイツ連邦共和国
面積 約35万7000㎢
人口 約8482万人（2023年）
首都 ベルリン
言語 ドイツ語

ひと月続く夢の夜

毎年冬になるときらびやかなクリスマスマーケットの光景を思い出します。ドイツには学生として１年ほど住んでいたことがあり、毎夜自室を抜け出してグリューワインを飲んだり、マーケット目当てにいくつかの都市を巡ってみたりもしました。少し早めの時期に広場を覗いたときは、クレーンを使って生のモミの木を立て、電飾を伸ばし、木製の立派な売店やミニ観覧車、ミニメリーゴーラウンドなどを建てる様子を見学できました。その光景はまるで小さな遊園地です。これが突如町の中心に現れ、さらに1カ月も続いてくれるなんて、やっぱりクリスマスマーケットは夢の世界のようです。

そして夢の後

クリスマスマーケットは、都市にもよりますがだいたい23日ごろには終了してしまいます。クリスマスイブや当日は家族でゆっくり過ごす大切な日だからです。私は当時学生寮に住んでいたのですが、クリスマスには学生たちがみな国に帰り、寮は空っぽになりました。マーケットも終わり、賑やかだった広場はすっかりひと気がなく雪が積もるだけ。夢から覚めたようで、少し寂しい一日となりました。

ドイツのクリスマスツリー

ドイツでは一般家庭でも生木を使ったクリスマスツリーが珍しくない様子。木の種類はモミや、モミによく似たトウヒなど。

クリスマスマーケットで買えるもの

クリスマスマーケットといえばこれ！

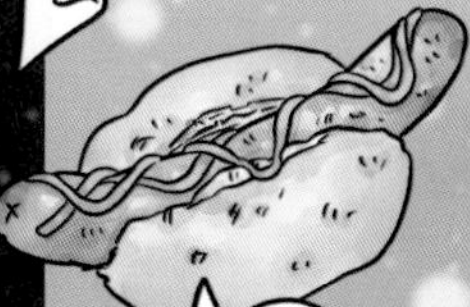

ブラートヴルスト

ソーセージ。グリルで焼いてパンに挟んでくれる。

マスタードたっぷりが好き！

グリューワイン

砂糖と香辛料入りのあったかワイン。

ポメス

フライドポテト。ケチャップとマヨネーズたっぷりがドイツ流。

キンダープンシュ

紅茶やりんごジュースに香辛料を混ぜたほかほかドリンク。ノンアルコール。

お子さんやお酒が苦手な方に

フラムクーヘン

薄焼きピザ。

基本の具は玉ねぎとベーコン

トマトはあまり使わないらしい

燻製肉やチーズ

レープクーヘン

蜂蜜や香辛料、ナッツ類がたっぷり入ったお菓子。クリスマスマーケットでは、大きくてカラフルなレープクーヘンが並ぶ。

毛糸製品

キャンドルやオーナメント

おもちゃ

グリューワインとオリジナルカップ

グリューワイン用のカップは町ごとに毎年違ったデザインで作られていて、コレクターも多い。

最初にカップ代込みの金額を払って、カップを返すとその分を返金してくれる

事前に「カップいる？」と聞いてくれた店もあった

グリューワインをお土産に

瓶入りグリューワインの他、ティーバッグ型のグリューワイン用スパイスミックスも売っている。

旅先で迷ったり困ったりしたら
とりあえずごはんを食べることにしています
宿が見つからない→
道も分からない→
おいしい→
旅に出た初期は食をおざなりにしがちでした
金欠だったし(今もだけど)
ビビリだったし(今もだけど)
当時食にあまりこだわりがなかったこともあり
とにかく安くて簡単なもので済ませるか何も食べずにやり過ごすなどしていました
何であれ食べるならいいですが空腹はよくありません
ぐぅ〜
身体に力が入らず脳も心も疲弊して何もかもうまくいきません
そこで一旦腹を満たしてみると…
モグ…
満腹!!
ハア〜!! めんどくせえからそのへんで寝るか!
何だか全部大丈夫な気がしてきます
その後無事宿に収まりました

日本、特に東京では世界中のグルメを体験できると聞きます
フレンチ
イタリアン
中華
ターキッシュ
エスニック
アラビアン
なんとかッチ
なんとか〜！
残念ながら私は地方民ですがそれでもコンビニやら何やらで気軽に外国飯を体験できるので
おいしい〜
この国どこ◯もドアみたいだなと思っています
グル◯テーブルかけかな…
それでもやはり現地で体験するごはんが素晴らしいことに変わりはありません
思うに食というものは現地の食材、水、そして空気も一緒に調理されていて
さらに辺りに流れる音や匂いも一緒に味わうことができるので
現地飯が最高においしいのはそういうことなんじゃないかと思うのです
私にはまだまだ行ったことのない国が沢山あります
次はどこへ行こうか
何を食べようか
WORLD Gourmet
旅と食の夢は広がるばかりです

あとがき

今回の本は、楽天レシピさんで連載させて頂いた漫画をまとめ、さらに旅の思い出語りを足したものです。

私は普段、料理をするにはするのですが、基本的に酒のつまみか一品料理、レンジ調理が得意、レシピ通りに作らない、という大変ぞろっぺえ立ち位置です。それが今回の連載を通して、レシピ通りに正しい味を目指し、今までやったことのないグルメに挑戦し、よく分からない料理のレパートリーをいくつも増やすことができました。友「得意料理は？」私「シャヒ・パニールかな……」という会話をいつかしてみたいと思っています。

自作に加え、うちの近所にもカレー屋やらトルコ料理屋やらがあり、困ったことにとてもおいしいので、うっかり満足しそうになることがあります。でもその度に、いやだめだ！ 私はあの異国の空の下でこれを食べるんだ！と自分に言い聞かせています。これからも色んな国で色んな料理を食べ、驚いたり舌鼓を打ったりと楽しい旅の体験をしていきたいです。

最後になりましたが、この本の制作にお力を貸してくださった皆様、私の旅を見守ってくださる全ての皆様に、心より感謝申し上げます。

低橋

ごちそう
さま
でした

旅ごはんマップ

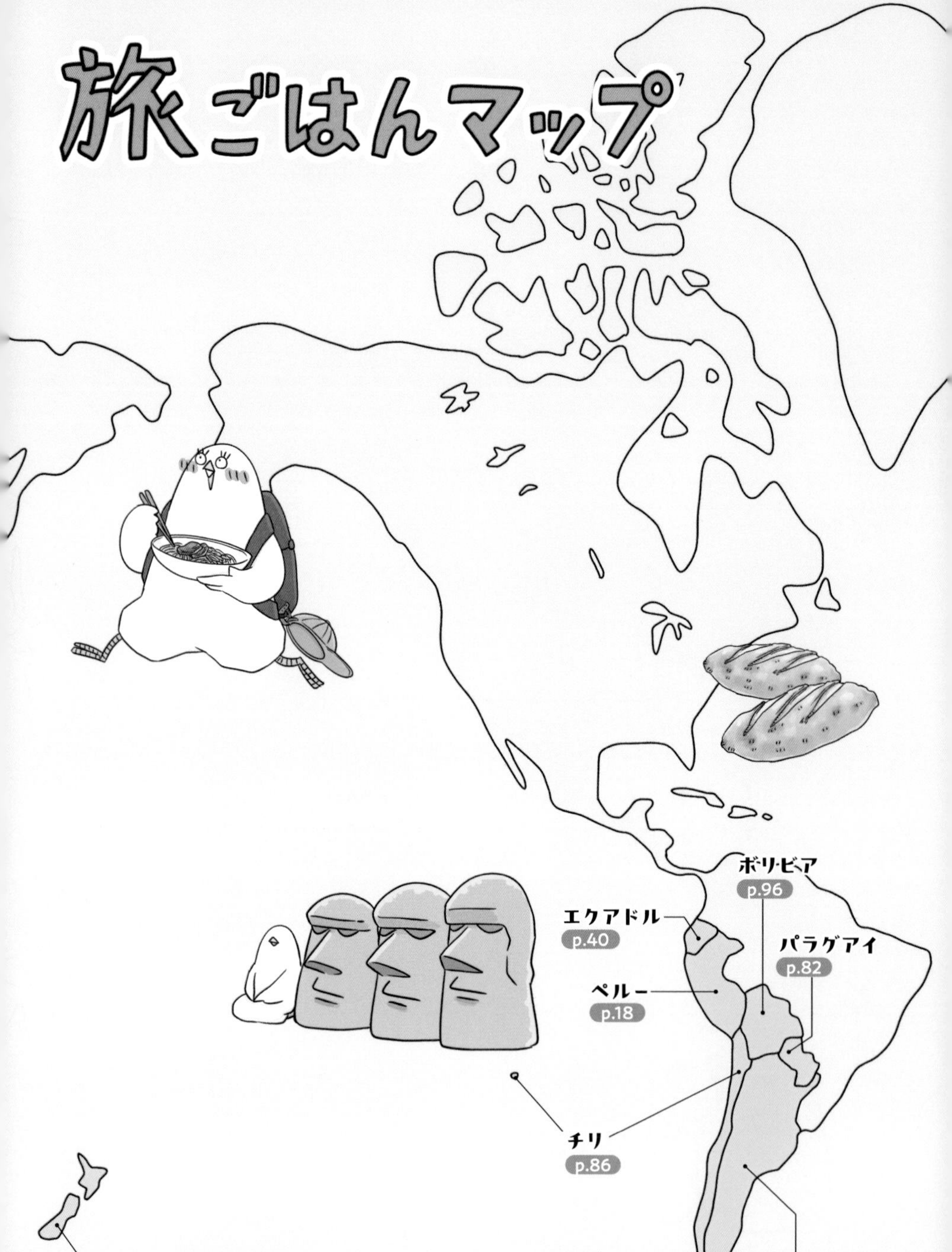
ボリビア
p.96
エクアドル
p.40
パラグアイ
p.82
ペルー
p.18
チリ
p.86
ニュージーランド
p.126
アルゼンチン
p.118

イギリス
p.92
ドイツ
p.134
チェコ
p.22
ハンガリー
p.66
ウクライナ
p.122
ブルガリア
p.48
スペイン
p.24
トルコ
p.70
モンゴル
p.6
バングラデシュ
p.52
韓国
p.112
中国
p.62
ネパール
p.108
インド
p.14、p.130
台湾
p.32
ラオス
p.28
ベトナム
p.10
ミャンマー
p.104
タイ
p.76
カンボジア
p.36
ブルネイ
p.58
マレーシア
p.100
インドネシア
p.56

低橋（ひくはし）

愛知県出身。旅が好きで、旅費を貯めては中～長期の旅に出る。旅先は主に海外で、陸路や航路で少しずつ目的地に近づいていく鈍足旅を好む。趣味は一人酒。好きな食べ物はケバブサンド。好きなつまみはホタルイカの沖漬け。著書に『旅のオチが見つからない おひとりさまのズタボロ世界一周！』『旅のオチが見つからない インド＆南アジア混沌ドロ沼！一人旅』（ともにKADOKAWA）。

STAFF

漫画・エッセイ・写真／低橋
デザイン／清水洋子
協力／斉藤圭祐
DTP／松田修尚（主婦の友社）
編集担当／野崎さゆり（主婦の友社）

世界《せかい》思《おも》い出旅《でたび》ごはん　ローカルフードを食《た》べ歩《ある》き！

2024年6月30日　第1刷発行
2024年7月31日　第2刷発行

著　者／ 低橋《ひくはし》
発行者／ 丹羽良治
発行所／ 株式会社主婦の友社
〒141-0021
東京都品川区上大崎3-1-1 目黒セントラルスクエア
電話 03-5280-7537（内容・不良品等のお問い合わせ）
049-259-1236（販売）
印刷所　大日本印刷株式会社

©Hikuhashi 2024　Printed in Japan　ISBN978-4-07-457018-8

■本のご注文は、お近くの書店または主婦の友社コールセンター（電話0120-916-892）まで。
＊お問い合わせ受付時間　月～金（祝日を除く）
10:00 ～ 16:00
＊個人のお客さまからのよくある質問のご案内
https://shufunotomo.co.jp/faq/

※この書籍は、楽天レシピ　デイリシャスの連載『世界思い出旅ごはん』から一部抜粋・加筆し、描きおろし漫画とエッセイを加えて単行本化したものです。

楽天レシピ　デイリシャス
https://recipe.rakuten.co.jp/news/

※各国のDATAは2024年4月時点の外務省ウェブサイトを参考にしています。